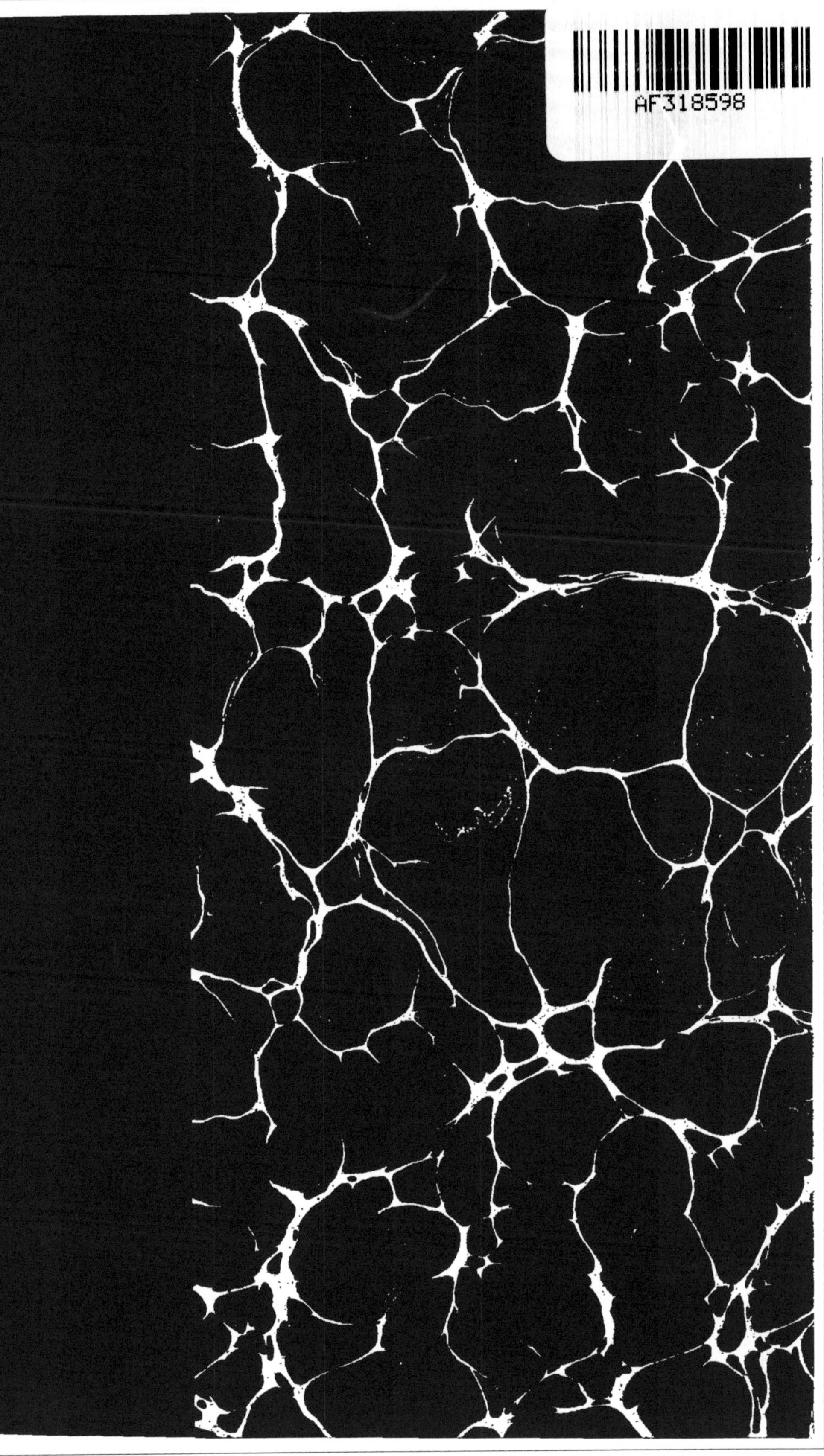

HISTOIRE

ANCIENNE,

OU

PREMIÈRE PARTIE

DE

L'HISTOIRE

DES

HOMMES.

HISTOIRE

DES

HOMMES,

OU

HISTOIRE

NOUVELLE

DE TOUS LES PEUPLES

DU MONDE,

PARTIE DE L'HISTOIRE ANCIENNE.

TOME XXI.

A PARIS,

M. DCC. LXXXIII.

Avec Approbation, & Privilége du Roi.

HISTOIRE

DE

LA GRÈCE.

TYRANNIE

D'ALEXANDRE DE PHÈRES.

CONQUÉTE DE SES ÉTATS

PAR PÉLOPIDAS.

Depuis qu'Athènes & Lacédémone, à
force de lutter entr'elles, s'étaient affai-
blies, & avaient perdu une partie de leur

prépondérance dans la Grèce , diverfes Puiffances du fecond ordre, avaient tenté de les fupplanter. La Theffalie , fur-tout, à l'époque où nous fommes , fortait de l'obfcurité où elle avait langui depuis la guerre de Troye. Du fein de Phères, une de fes métropoles , était forti un ambitieux à grand caractère, qui après avoir ufurpé le pouvoir fuprême dans fa patrie, avait acheté , par fon génie & par fes exploits , le titre de Généraliffime de tous les peuples de la Theffalie. Déja il avait raffemblé une armée de vingt mille fantaffins péfamment armés , & de huit mille chevaux , avec laquelle il fe propofait de donner la loi au Péloponèfe , lorfque des Républicains confpirèrent contre lui & l'affaffinèrent.

Le coup qui frappa le tyran de Phères, ne renverfa pas fon trône. Polydore & Polyphron , frères de Jafon , furent nommés pour lui fuccéder. Le dernier, pour régner feul , tua fon Collègue , & périt, à fon tour, de la main de fon neveu

Alexandre, charmé de voiler, du prétexte de venger un père, son projet coupable d'asservir Phères & toute la Thessalie.

La Grèce entière, à cette époque, se taisait devant Thèbes. Les peuples de la Thessalie, opprimés par Alexandre, s'adressèrent à cette Puissance dominante, & lui demandèrent un Général & des soldats. Comme Epaminondas était alors occupé à pacifier le Péloponèse, Pélopidas se chargea de l'expédition; il vint, avec une armée accoutumée à vaincre les Spartiates, s'empara de Larisse, conquit une partie de la Thessalie, & obligea le tyran à venir recevoir, à ses pieds, les loix de sa République.

Cet Alexandre de Phères avait une ame pétrie de fiel & de sang, comme les Cambyses & les Phalaris. Lorsqu'il eut assassiné son oncle Polyphron, il couronna de festons & de bandelettes, le poignard qui lui avait servi à cet attentat, & *lui sacrifia, comme à un Dieu*, dit le Philosophe de Chéronée; on sent ce que les peuples doivent attendre d'un tyran qui divinife un poignard employé à un ré-gicide.

Le préfage finiftre fut rempli. En effet, Alexandre, quand un citoyen lui faifait ombrage, ordonnait qu'on l'enterrât tout vif; au milieu de fes orgies licentieufes, il faifait couvrir les hommes qui lui dé-plaifaient, de peaux d'ours ou de fan-gliers, enfuite il lâchait contre eux fes chiens de chaffe, qui les déchiraient à belles dents. La plus grande faveur qu'il faifait alors à fes victimes, était de hâter leur mort, en les perçant à coups de flèches.

La fureur de ce tigre couronné, s'exer-çait quelquefois fur des nations entières. On cite Mélibée & Scotufe, deux villes de Theffalie, qui ayant encouru fon reffentiment, pour des motifs affez peu importans pour que l'hiftoire les ait paffés fous filence, en éprouvèrent une ven-geance atroce. Le tyran convoqua, dans leurs places publiques, une affemblée

nationale, & pendant qu'on délibérait
en paix, il fit inveſtir la multitude par
ſes gardes, qui égorgèrent, devant lui,
toute la jeuneſſe.

Cet Alexandre avait toute la franchiſe
de la ſcélérateſſe qui n'a plus de frein.
On repréſentait, devant lui, la Troade
d'Euripide; il ſortit avant le dénouement,
& comme l'Acteur qui jouait le principal
rôle, craignait de l'avoir mal rempli, le
tyran lui fit dire que ſon jeu ne lui avait
point déplu, mais qu'il avait eu honte de
s'attendrir, devant ſes concitoyens, des
malheurs d'une Hécube ou d'un Andromaque, lui, qui n'avait jamais verſé une
larme, à la vue du ſang innocent qu'il
avait fait répandre.

Tel était le deſpote auquel Pélopidas
vainqueur, donna des loix. Ce héros,
quoiqu'inſtruit de ſes crimes, ne déſeſ-
péra point de la nature humaine, & tenta
de l'amener, par la vue de ſon intérêt, à
faire le bonheur de ſes peuples; malheu-
reuſement les ſcélérats, quand ils ont une

fois goûté du pouvoir abfolu, ne ceffent, qu'en mourant, d'écrafer l'efpèce humaine. Alexandre ne fe corrigea, ni de fes débauches, ni de fa cruauté; & comme Pélopidas le menaça de venger la Theffalie, dans la crainte d'être détrôné, il fe déroba, avec fes gardes, & fe fauva dans une de fes citadelles. Le héros de Thèbes fut appellé, à cette époque, dans la Macédoine, pour être arbitre entre deux Rois qui fe difputaient la couronne, & il abandonna le tyran de Phères & fes peuples à leur deftinée.

LE TYRAN DE PHÈRES

FAIT ARRÊTER PÉLOPIDAS.

EPAMINONDAS LE DÉLIVRE.

Pélopidas pacifia la Macédoine, encore plus heureusement que la Thessalie; on lui donna, pour ôtages, trente enfans des plus grandes familles de la nation, parmi lesquels était Philippe, père d'Alexandre le grand, & il revint, avec eux, à Thèbes, jouir du fruit d'une modération qui, aux yeux d'une raison supérieure, l'élevait encore plus que ses victoires.

Dès l'année suivante, les villes de Thessalie renvoyèrent des hommes de poids à Thèbes, pour se plaindre de la tyrannie d'Alexandre de Phères. Pélopidas partit avec Isménias, pour consommer son ouvrage; mais afin d'épargner le fang des peuples, il ne prit, comme fon collègue, que le titre pacifique d'Ambaffadeur; il penfait que, dans un pays encore plein de fa gloire, fon nom valait une armée.

Le héros apprit en route que les troubles renaiffaient en Macédoine, à l'occafion de la mort de Perdiccas, tué dans une bataille. Il leva, à la hâte, quelques troupes mercenaires qui le trahirent; alors, pour fe venger de leur perfidie, fe mettant à la tête d'un petit nombre de cohortes que lui avaient envoyées les villes libres de la Theffalie, il marcha vers Pharfale, où les traîtres avaient leurs femmes, leurs enfans & l'or, fruit de leurs brigandages. Quand il fut aux pieds des remparts, Alexandre de Phères parut, à la tête d'une armée; Pélopidas crut que ce Prince venait fe juftifier des plaintes de fes peuples, &, prenant le rôle pacifique d'Ambaffadeur, il vint, fans gardes, au-devant de lui, avec fon collègue Ifménias Mais il n'y a point de droit des gens pour les

tyrans. Alexandre fit mettre les Ambaf-
fadeurs de Thèbes dans les fers, & s'empara de Pharfale.

L'illuftre captif, dès le lendemain de
fa détention, fut conduit à Phères, &
les premiers jours, tout le monde eut la
liberté de le voir, le tyran, voulant par
le fpectacle de fon malheur, humilier fa
fierté. Mais Pélopidas, dans les fers,
parut plus grand encore que fur les champs
de bataille ; quand il voyait autour de
lui quelques fatellites d'Alexandre, chargés
d'étudier fon ame & d'interpréter jufqu'à
fon filence, il mettait encore plus de
courage dans fa franchife. *L'imprudent,*
difait-il, *il fait mourir tous les jours des
citoyens tranquilles, qui refpecteraient fon
trône & fa vie ; & moi, il m'épargne !
moi, qui du moment où je ferai libre, lui
ferai porter la peine de fes perfidies !*

On rapporta ce trait au tyran de Phères.
L'infenfé, s'écria-t-il, *comme il fe préci-
pite au devant de la mort !* Pélopidas le
fut, & dit devant fes gardes : *Oui, je*

brûle de mourir, mais c'eſt pour hâter le ſupplice de l'ennemi des Dieux & des hommes.

Alexandre vit bien qu'il avait mal apprécié l'ame de ſon captif, en la jugeant par la ſienne. Il craignit qu'une fierté auſſi républicaine, ne mît le poignard à la main de ſes peuples aſſervis, & il défendit à tout le monde de lui parler. Pélopidas, ſeul dans ſa priſon, vit qu'il ne lui reſtait plus qu'à mourir.

Cependant, le bruit du courage de Pélopidas, avait pénétré juſques dans le ſerrail d'Alexandre. Thébé, femme de ce Prince & fille de Jaſon, l'ancien tyran de Phères, fut curieuſe de connaître cet illuſtre captif, & ſollicita la permiſſion de l'entretenir dans ſon cachot. Le tyran aimait Thébé, ſi cependant un tyran peut aimer l'être dont il ſe défie; car il n'entrait jamais dans ſon appartement, que précédé d'un eſclave qui tenait une épée nue à la main, & qui viſitait les réduits les plus cachés, pour voir s'il ne s'y trouvait ni poifon ni poignard. Il confentit que Thébé fatisfît fa curiofité, pourvu que le fruit n'en fût pas une admiration qu'il jugeait criminelle.

Thébé était femme, dit Plutarque; à la vue de Pélopidas défait, mal vêtu & fes cheveux en défordre, le grand homme lui échappa; cependant comme elle avait le cœur fenfible, elle ne put s'empêcher de verfer des larmes fur un pareil fpectacle. *Infortuné, s'écria-t-elle, que ta femme eft à plaindre. — Non, répond Pélopidas, je ne vois à plaindre que la femme d'Alexandre, qui fouffre un monftre tel que lui, fans être fa captive.* Ce mot terrible fit une impreffion profonde fur l'efprit de Thébé, & de ce moment, fon époux lui devint plus odieux que jamais.

Cependant les Thébains, inftruits de la détention de leur Héros, s'armèrent pour le venger. Malheureufement ils envoyèrent, contre le tyran de Phères, des Généraux fans talens & fans courage, qui se laissèrent battre, & appesantirent par-là les fers de Pélopidas. Epaminondas servait alors, en qualité de simple volontaire, dans l'armée vaincue. Les soldats, voyant l'incapacité de leurs chefs, le forcèrent à prendre le commandement. Ce grand homme répondit à l'attente publique ; il exécuta, à la vue d'une armée formidable & triomphante, une retraite glorieuse, qui valait une victoire.

On s'étonne comment Epaminondas, libre, & dans une expédition où il s'agissait du salut de son ami, n'avait pas été mis d'abord à la tête de l'armée Thébaine. Mais sa patrie était mécontente de ce que, dans une rencontre, près de Corynthe, ayant l'avantage sur les Spartiates, il s'était contenté de triompher d'eux sans les passer tous au fil de l'épée : elle le punissait, en le subordonnant à ses inférieurs, de ce qu'il avait été homme, lorsqu'une politique cruelle lui défendait de l'être.

Thèbes, à la vue des débris de l'armée qu'elle avait envoyée à la conquête de la

Theſſalie, conçut qu'une République ne peut, ſans ſe punir elle-même, mortifier ſes grands hommes. Elle condamna à une forte amende les Généraux vaincus, & fit Epaminondas chef de la nouvelle expédition qu'elle méditait contre Alexandre.

Du moment qu'Epaminondas parut en Theſſalie, les affaires changèrent de face. Le tyran de Phères ſe vit abandonné de ſes propres troupes, & les villes, qu'il écraſait de ſon deſpotiſme, ouvrirent leurs portes aux Thébains. Le héros, cependant, qui craignait de réduire ſon farouche ennemi au déſeſpoir, & d'accélérer ainſi la perte de Pélopidas, retint l'impétuoſité de ſes ſoldals, & traîna la guerre en longueur. L'évènement juſtifia ſa prudence. Alexandre, craignant d'être détrôné, rendit Pélopidas au conquérant de ſes Etats, & obtint, à ce prix, que les Thébains abandonneraient la Theſſalie.

BATAILLE DE CYNOCÉPHALE,

ET

MORT DE PÉLOPIDAS.

LES défaſtres ne corrigent jamais le pouvoir abſolu de ſes fautes. Alexandre, dès qu'Epaminondas fut dans Thèbes, appeſantit le joug de ſes peuples, attenta à la liberté des villes qui étaient encore indépendantes, & mit, en particulier, garniſon dans celles des Magnéſiens, des Achéens & des Phthiotes. La Theſ-ſalie, qui n'avait que le demi-courage des Etats nouvellement ſubjugués, ne ſe fiant pas à ſes propres forces, eut, de nouveau, recours à la Puiſſance prépon-dérante de la Grèce. Thèbes lui envoya Pélopidas & une armée.

Le jour du départ des troupes Thébaines, il y eut, dit - on, une éclipfe totale & centrale du foleil pour le Péloponèfe; les foldats épouvantés, prirent ce phénomène pour un préfage finiftre, & refusèrent de marcher. Alors Pélopidas fe contenta de fe faire fuivre de trois cents hommes de cheval, qui croyaient plus à la phyfique qu'à la fuperftition augurale, &, malgré les Devins, il prit la route de Theffalie.

Pélopidas, arrivé à Pharfale, vit fa petite armée groffie par les amis de la liberté qui fe trouvaient encore en Theffalie. Cependant, fon infanterie était inférieure du double à celle d'Alexandre; ce qui ne l'empêcha pas de fe mefurer avec lui en bataille rangée : quand on vint lui annoncer que le tyran venait à fa rencontre jufqu'au temple de Thétis, & que la plaine était couverte de fes foldats, *tant mieux*, répondit le héros de Thèbes, *nous en battrons un plus grand nombre.*

Le combat fe donna à Cynocéphale.

La valeur, comme on s'en doute bien, l'emporta fur le nombre, & les Thébains furent vainqueurs. Au moment où les troupes d'Alexandre commençaient à plier, Pélopidas, qui avait à venger fa longue captivité, abandonnant le foin de fa vie, pour arracher celle du tyran, fe jette au milieu des bataillons ennemis pour chercher fa victime. Alexandre, lâche comme le font d'ordinaire tous les tyrans, au lieu de répondre au défi, fe fauve au centre du bataillon de fes gardes, & Pélopidas, que fa bravoure aveugle fur fa témérité, couvert du fang des ennemis & du fien, avant d'atteindre le monftre qu'il provoque, expire couvert de bleffures.

Les Thébains ne s'apperçurent que tard du danger de leur Général ; lorfqu'ils vinrent à fon fecours, il n'était plus. Il ne leur reftait qu'à venger la mort de ce grand homme, & ils le firent avec cette phrénéfie que le droit de la guerre autorife. Aucun des foldats d'Alexandre

n'obtint de quartier, & la plaine fut jon-
chée de leurs cadavres.

C'eft ainfi que le libérateur de Thèbes
perdit une vie qu'il pouvait rendre
encore long-tems utile à la patrie. Sa
témérité, toute héroïque qu'elle paraiffait, fut affez univerfellement défapprou-
vée dans l'antiquité. *Il y a bien de la
différence*, difait à ce fujet le grand Caton,
entre eftimer la vertu, & méprifer la vie;
mot plein de fens & de vérité, qui affai-
blit un peu, aux yeux de la Raifon, la
grande renommée des Achille, des
Alexandre & des Charles XII.

Les devoirs des Généraux me femblent
tracés, d'une manière fublime, dans une
épitaphe de quelques héros Spartiates,
que Plutarque nous a confervée : *Ici re-
pofe la cendre de plufieurs guerriers que la
patrie regrette. Ils font morts quand il le
fallait, perfuadés que le bonheur ne confifte
ni à vivre, ni à mourir, mais à faire l'un &
l'autre avec gloire.*

Pélopidas, malgré le crime de fa mort,

fut univerſellement regretté. Ce tableau de la douleur publique, telle que l'Hiſtoire nous l'a tranſmis, eſt la plus belle oraiſon funèbre dont on puiſſe honorer la mémoire de ce grand homme. Les vainqueurs de Cynocéphale, apprenant que leur Général venait d'être tué, ne ſongèrent ni à bander leurs plaies, ni à ſe déſarmer ; ils accoururent en foule auprès des reſtes inanimés de ce héros, entaſsèrent à l'entour les dépouilles des ennemis, coupèrent leur propre chevelure, & ne ſongèrent qu'à lui ériger le plus glorieux des trophées. De retour dans le camp, perſonne ne s'occupa à dreſſer ſa tente, ou à préparer ſon repas ; un vaſte ſilence régnait dans toute cette armée, & on aurait dit que Thèbes, toute entière, venait d'être vaincue à Cynocéphale.

La Theſſalie partagea la conſternation de l'armée de Thèbes : les villes ſentaient qu'avec Pélopidas, elles perdaient l'eſpérance de recouvrer leur liberté, & les derniers élans du courage républicain s'annoncèrent par les funérailles pompeuses qu'on fit de tout côté à cet homme célèbre ; funérailles qui n'avaient que la magnificence de commune avec celles des Cambyfe, des Denys & des autres fléaux de l'efpèce humaine, parce qu'elles n'étaient pas, comme ces dernières, la cataftrophe d'une fanglante tragédie.

Thèbes ne le céda pas à la Theffalie pour la vivacité des regrets. Quand on tranf-porta dans cette ville l'urne fatale, qui contenait la cendre de Pélopidas, les Magiftrats, les Prêtres & la jeuneffe entière allèrent, loin des portes, au-devant de cette pompe funèbre, portant des couronnes, des armures d'or & des trophées. Le nom de père de la patrie retentiffait dans toutes les bouches, parce qu'il était dans tous les cœurs. Le Miniftre des Dieux pleurait dans les temples, l'homme d'Etat dans les places publiques, & ce qui caractérifait la vérité de la douleur générale, le fimple citoyen dans le fecret des familles. De telles funérailles valent, fans doute, une apothéofe.

Thèbes, après avoir pleuré la mort de Pélopidas, fongea à le venger. Elle envoya, en Theffalie, une armée de fept mille hommes de pied & de fept cents chevaux, qui s'approcha jufqu'aux pieds des remparts de Phères. Alexandre, qui avait perdu l'élite de fes foldats à Cynocéphale, ne pouvant tenir la campagne, fut obligé de fubir les lois qu'on lui impofa : il retira les garnifons qu'il avait mifes dans les villes des Magnéfiens, des Achéens & des Phthiotes, & fe déclara vaffal de la République de Thèbes. L'orgueil du tyran ainfi humilié, les vengeurs de Pélopidas fe retirèrent en Béotie.

FIN TRAGIQUE

D'ALEXANDRE DE PHÈRES.

PÉLOPIDAS était vengé : mais Alexandre n'était pas puni ; ce tyran avait à expier les crimes qu'il avait commis contre ses peuples , & ceux qu'il méditait encore. Le coup de poignard , qu'il redoutait , partit de la main qui lui était la plus chère , & le Ciel fut justifié.

Nous avons vu Thébé quitter le lit d'Alexandre , pour aller pleurer dans le cachot de Pélopidas. Ces larmes terribles appellèrent peu à peu la vengeance. A force d'entendre les cris d'indignation du peuple, qui venaient mourir aux pieds du trône, la femme du tyran se pénétra du dessein hardi d'abattre la tyrannie : outre ce motif généreux de patriotisme, elle avait encore des raifons fecrettes de punir l'homme farouche qui s'était jetté dans fes bras. Alexandre, homme fans mœurs, comme fans loi, entretenait publiquement, dans fon palais, un Ganymède, & pour avilir davantage fa femme, c'était parmi les frères de cette Princeffe qu'il avait choifi cet infâme Miniftre de fes plaifirs. De tels outrages, dans un pays que le luxe n'a pas encore dégradé, ne fe pardonnent jamais. Thébé confpira contre la vie de fon époux, & fit entrer dans le complot fes trois frères, parmi lefquels était, fans doute, le Ganymède.

Il n'était pas aifé d'aborder un homme auffi ombrageux qu'Alexandre ; des fatellites nombreux, répandus dans l'intérieur de fon palais, répondaient de fa perfonne fur leur tête. Ce tyran n'était feul que dans l'appartement où il couchait ; encore, comme il fe défiait de Thébé jufques dans les careffes outrageantes qu'il lui prodiguait, pour l'empêcher d'intro-

duire des conjurés près de lui , il avait
recours à des précautions qui décelaient
le trouble de fon ame & fes remords.
On ne montait dans cet appartement
que par une échelle , qu'il retirait lui-
même dès qu'il était entré ; de plus , un
chien , d'une taille monftrueufe , veillait
à la porte , & on l'avait accoutumé à s'é-
lancer , malgré fes chaînes , contre tout
être qui refpirait , excepté contre l'efclave
qui lui donnait à manger , contre Thébé
& contre Alexandre.

Plus le danger était grand , plus Thébé
s'anima à fe faire la libératrice de la
Theffalie. La nuit fixée pour l'exécution
du complot , elle enferme fes frères dans
une chambre du palais , où elle pouvait
entrer à toute heure , & monte feule dans
la tour où repofait Alexandre. Voyant fa
victime affoupie , elle fort un moment
après , & ordonne à l'efclave d'emmener
le Cerbère , fous prétexte que le Roi
voulait dormir d'un fommeil tranquille.
Enfuite , pour empêcher que l'échelle par

où les assassins devaient monter ne fît du bruit, elle enveloppa, de laine, les échelons. Tout étant ainsi préparé, elle introduit ses frères, & leur montre, de la porte, le cimeterre du tyran, suspendu à son chevet; c'était le signal convenu, pour marquer qu'Alexandre dormait, & que les conjurés pouvaient frapper.

Les trois assassins en étaient à leur premier crime, &, parvenus au haut de l'échelle, le remord les retint, & ils n'osaient avancer. Thébé va à eux, & les menace d'éveiller le tyran, & de lui révéler tout le complot, s'ils n'achèvent leur ouvrage. Les infortunés, entre deux périls, choisissent alors celui qui semble le moins exposer leur vie, & s'approchent, en tremblant, de leur victime. Pendant que Thébé, les yeux étincelans de fureur, tient la lampe qui doit éclairer cet assassinat, l'un des conjurés saisit le tyran par les pieds, l'autre le prend par les cheveux, & le dernier enfonce, à plusieurs reprises, le poignard dans son sein. Quand le monſtre ne reſpire plus, on jette ſon cadavre du haut de la tour, le peuple le foule aux pieds, & ſa rage aſſouvie, en abandonne les reſtes mutilés aux vautours.

BATAILLE DE MANTINÉE,

E T

MORT D'ÉPAMINONDAS.

Epaminondas survécut peu au grand homme que son cœur venait de perdre. Il fut, comme lui, victime de sa bravoure, & comme lui, il trouva la mort au sein de la victoire.

L'Arcadie, depuis quelque tems, était déchirée par des dissentions intestines : Tégée & Mantinée, sur-tout, deux de ses métropoles, se faisaient une guerre sanglante. La dernière, ayant appellé Athènes & Lacédémone à son secours, sa rivale, pour rétablir l'équilibre, s'adressa à Thèbes, qui lui envoya Epaminondas & une armée.

Ce fut non loin des murs de Mantinée,

que fe donna la bataille célèbre , où Thèbes , en achevant d'acquérir la prépondérance fur les Républiques du Péloponèfe , perdit le grand homme qui la lui avait procurée. Jamais les Grecs n'avaient encore lutté entr'eux avec des armées plus nombreufes. Celle de Lacédémone & des alliés était compofée de vingt mille hommes de pied & de deux mille chevaux. Les forces de Thèbes montaient à un tiers de plus.

Xénophon , dans le dernier chapitre de fon Hiftoire Grecque , nous a donné les détails de la bataille de Mantinée : comme les manœuvres favantes d'Epaminondas , qu'il décrit , ont fait l'admiration des hommes de guerre de tous les fiècles , nous nous y arrêterons un moment. Ce tableau nous donnera une idée de la tactique des Grecs , au commencement du fiècle d'Alexandre.

Les Généraux de l'armée de la confédération du Péloponèfe avaient placé , à l'aile droite , & fur une même ligne , les Mantinéens & les Spartiates ; ils avaient confié l'aile gauche, toute entière, aux troupes auxiliaires d'Athènes. Les Eléens & les Achéens, comme la partie la plus faible, & celle qui devait avoir le moins de part à l'action, étaient au centre. Dans l'autre armée, les Thébains & les Arcadiens furent postés à la gauche, les Argiens à la droite, & le reste des alliés au centre. Les ailes de part & d'autre étaient bordées de cavalerie.

Epaminondas fit sa marche dans le même ordre de bataille où il s'était proposé de combatrre, pour ne point perdre un tems précieux, en évolutions. Cependant, il n'alla pas de front à l'ennemi. Comme son projet était de laisser croire qu'il ne voulait qu'exercer ce jour-là ses troupes à la manœuvre, il se contenta de marcher toujours par sa gauche, sur une colonne, le long des hauteurs, & quand il se vit à quelques stades des lignes qui lui étaient opposées, il fit alte,

& ordonna à fes foldats de dépofer leurs armes. Ce mouvement donna, en effet, le change aux Généraux des confédérés, qui s'amusèrent à faire tracer l'enceinte d'un camp, laiffant ainfi refroidir cette première ardeur des troupes, qui décide fi fouvent du gain d'une bataille.

Epaminondas, voyant le fuccès de fon ftratagême, fait tout-à-coup un quart de converfion à droite, convertit fa colonne en ligne, & tirant de cette même colonne les troupes d'élite qu'il avait placées en tête pendant la marche, les replie fur le front de fon aile gauche, pour la mettre en état d'attaquer en pointe la phalange de Lacédémone. L'aile droite de l'armée & le centre de bataille avaient ordre, pendant toutes ces évolutions, de rallentir leur marche, afin que le combat ne fût pas engagé par les troupes les moins aguerries. Mais comme les Athéniens, qui formaient l'aile gauche des confédérés, pouvaient venir au fecours de l'aile droite, & troubler l'attaque

qu'il méditait , il détacha de sa ligne ;
& posta , sur des éminences qui comman-
daient les bataillons d'Athènes , un détachement de cavalerie pour les surveiller
& leur faire craindre d'être pris à-la-fois
en flanc & en queue , s'ils se rompaient
pour secourir la phalange de Lacédémione,
toutes ces dispositions savantes annoncent
un homme consommé dans l'art de la
guerre, & qui méritait, par son génie,
de commander, peut-être , tous les héros
de l'Iliade.

Epaminondas fit commencer l'action
par sa cavalerie, dans les intervalles de
laquelle il avait mêlé , habilement, des
gens de trait, afin de mettre le désordre
dans les rangs ennemis, avant qu'ils fussent
à portée de se mêler. La faute qu'avait
faite les Généraux des confédérés de donner , à leurs escadrons, autant de profondeur que si c'eût été une phalange,
acheva de les affaiblir. Cette partie de
l'armée du Péloponèse ne put soutenir le
choc des Thébains ; elle se vit enfoncée,

& obligée de se replier, en désordre, derrière l'infanterie.

Pendant ce tems - là, Epaminondas s'ébranlait pour tomber sur la phalange de tout le poids de sa colonne. On commença de part & d'autre à combattre avec la demi - pique, ensuite on mit l'épée à la main. La mêlée fut terrible, parce que c'était l'élite des deux armées. Le soldat soit de Thèbes, soit de Lacédémone, aimait mieux périr dans son rang, que de reculer d'un pas. Epaminondas, pour décider la victoire, se met à la tête des hommes les plus déterminés de sa colonne, s'élance avec impétuosité du côté où la mêlée est la plus vive, & du premier coup de javelot qu'il lance, blesse le Général de Sparte : sa troupe de héros, encouragée par ce succès, fait des prodiges de valeur, & vient enfin à bout de rompre la phalange.

C'en était fait de l'armée des confédérés, si Epaminondas, content de cet exploit, ne s'était pas abandonné à une ardeur déplacée dans un Général , & s'il n'avait pas quitté le rôle d'Agamemnon , pour faire celui d'Achille. Les Lacédémoniens rompus , s'appercevant de sa témérité , se rallièrent , derrière lui , & l'enveloppèrent. Alors un d'entr'eux (*a*) lui porta un coup de javeline si terrible , qu'il perça la cuirasse , & entra , avec profondeur, dans la poitrine : comme le bois de cette javeline s'était brisé en traversant l'armure , le fer demeura dans la plaie , & le héros , ne pouvant vaincre la douleur , tomba mourant sur le champ de bataille. Une partie de la colonne accourut à l'instant au secours de son Général , & empêcha l'ennemi de s'en rendre le maître.

Pendant que la phalange de Lacédé-

(*a*) Suivant la tradition Lacédémonienne , ce fut le Spartiate Callicrate , qui priva la Grèce d'un si grand homme. Athènes , de son côté , voulait que ce fût Gryllus , le fils de l'immortel Xénophon.

mone rompue fe retirait, en défordre,
la cavalerie Athénienne, inftruite de la
bleffure mortelle d'Epaminondas , fe
ralliait, chargeait le détachement Thé-
bain, pofté fur les hauteurs pour la fur-
veiller, & , profitant de la fupériorité du
nombre, le paffait au fil de l'épée. Ce
fut le dernier évènement mémorable de
cette journée : auffi-tôt après, les deux
armées, comme de concert, donnèrent,
en même-tems, le fignal de la retraite.

Les deux partis s'attribuèrent quelque
tems la victoire, les Thébains, pour avoir
rompu la phalange, & les confédérés, pour
avoir taillé en pièces le détachement :
mais cette incertitude n'était qu'un effet
de la fierté Lacédémonienne. Les Thébains, d'après les fuites de cette grande
journée , eurent, feuls, le droit d'ériger
des trophées , d'abord , parce que les
confédérés envoyèrent les premiers un
héraut , pour demander la liberté d'en-
fevelir les morts, enfuite, parce que la
colonne , qui enfonça la phalange de

Sparte, demeura maitreſſe du champ de
bataille.

Epaminondas, avant la fin de la mêlée,
avait été porté dans ſa tente. Les gens
de l'art, appellés pour panſer ſa plaie,
déclarèrent qu'elle était mortelle, & qu'au
moment où ſe etirerait le fer de la javeline, il expirerait. Cet arrêt remplit
de trouble & de douleur les Généraux
qui étaient autour de ſon lit. Ils étaient
inconſolables de voir la perte que la patrie allait faire, ſur-tout quand ils ſe
rappellaient que ce grand homme ne
laiſſait aucun enfant qui pût un jour le
remplacer. Epaminondas ſeul, au milieu
de cette conſternation générale, conſer-
vait toute ſa férénité : c'était lui qui con-
ſolait ſes amis. » Pleurez moins, leur
» diſait-il, ſur ce jour, qui eſt le plus
» beau de ma vie : ſongez que la victoire
» qui entoure ma mort de ſes rayons,
» humilie Sparte, & délivre la Grèce du
» joug de la ſervitude. Je ne vois point,
» il eſt vrai, autour de moi, d'enfans qui

» me ferment les yeux ; mais je laisse
» deux filles illustres, Leuctres & Man-
» tinée, qui sauront arracher à l'oubli
» mon nom & ma mémoire ".

Tout le monde était dans le silence
de l'enthousiasme ; Epaminondas, sen-
tant sa voix s'affaiblir, profite du peu
de forces qui lui reste pour arracher le
tronçon de la javeline, & rend l'ame,
avec le sang qui coule de sa blessure.

Epaminondas avait l'heureuse simpli-
cité de l'âge d'or : quoiqu'il eût été toute
sa vie à la tête des armées, il ne connut
jamais le prix des richesses : content de
sa destinée, pourvu qu'il eût quelques
légumes sur sa table, & une bure gros-
sière pour le couvrir, il regardait, comme
une espèce de dépôt sacré, l'indigence
héréditaire qu'il tenait de ses pères. Son
désintéressement, à cet égard, fut poussé
si loin, qu'il ne laissa pas, en mourant,
de quoi fournir aux frais de ses funérailles.

Cependant Epaminondas, tout pauvre

qu'il était , connaissait le bonheur de la bienfaisance ; comme il jouissait de la plus haute considération dans Thèbes, il en profitait pour faire refluer, sur la pauvreté timide & honnête , le superflu de l'opulence. Un jour qu'il savait un de ses amis ruiné par la guerre , il l'envoya chez le plus riche de ses concitoyens, avec ordre de lui demander . de sa part, une somme assez considérable. L'argent fut livré à l'instant , & quand l'homme riche vint s'informer , auprès d'Epaminondas, du motif qui l'avait porté à lui adresser cet ami , le héros lui répondit , avec une naïveté sublime : *C'est que vous êtes opulent , & que cet honnête homme est dans le besoin.*

La mort d'Epaminondas & de Pélopidas entraîna la chûte de Thèbes ; cette ville cessa, dès-lors, d'être formidable dans la Grèce , comme un dard dont on a brisé la pointe. Avant ces deux grands hommes, Thèbes , République, n'avait point fait parler d'elle. Après eux , elle retomba dans son obscurité, jusqu'au moment où, ayant pris parti dans les démêlés de la Macédoine & du Péloponèse, elle fut renversée par le père d'Alexandre.

La bataille de Mantinée, le dernier terme de la gloire de Thèbes, & le premier de sa décadence, tombe à l'an 1219 de l'Ere de Paros, qui répond à la seconde de la cent quatrième Olympiade.

LA GRÈCE,

APRÈS LA BATAILLE DE MANTINÉE, ABANDONNE LA GUERRE POUR LES ARTS.

DES

SPECTACLES NATIONAUX,

CONNUS SOUS LE NOM DE JEUX DE LA GRÈCE.

LA bataille de Mantinée semble la dernière explosion de cet enthousiasme belliqueux, qui semblait animer la Grèce entière, depuis qu'elle avait appris le secret de ses forces, aux journées mémorables de Marathon & des Thermopyles; de ce moment, toutes ses Républiques, comme de concert, changèrent leurs institutions vigoureuses; elles commencèrent à regarder la guerre sous son vrai point de vue, c'est-à-dire, comme un fléau politique, & se reposant sur les exploits des Léonidas, des Epaminondas & des Miltiade, elles aimèrent mieux jouir en paix de la gloire de ces héros, que d'en acheter une nouvelle, au prix du sang des hommes.

Cette époque, par la grande influence qu'elle eut sur les mœurs, mérite toute l'attention de l'homme d'Etat & du Philosophe.

D'abord, l'affaiblissement de la considération, pour les talens Militaires, entraîna l'affaiblissement politique de la Grèce, & la prépara à recevoir le joug d'Alexandre.

D'un autre côté, le goût général se portant du côté des arts, la sphère de l'esprit humain parut s'aggrandir, & le plus beau des siècles dont le monde s'honore, le siècle de Périclès, prit naissance.

Cependant, des Etats fondés, maintenus & devenus puiffans par l'épée, n'abandonnent pas fubitement les titres de leur gloire primitive. L'opinion publique fur la fupériorité de l'art de la guerre, ne fe modifia, en Grèce, que par degrés. Quand la poftérité des Alcibiade & des Agéfilas ceffa de livrer des batailles, elle aima encore à en voir l'image, dans les exercices fanglans de fa gymnaftique. Alors une inftitution, faite pour perpétuer la bravoure, dégénéra en vain fpectacle, & les héros du Péloponèfe, furent remplacés par des Athlètes.

Cette révolution, dans les idées publiques, paraît s'être opérée peu après la bataille de Mantinée : ainfi, voici le moment de jetter un coup-d'œil rapide fur les jeux brillans de la Grèce, & fur fa gymnaftique.

Il y avait, dans la Grèce, quatre Jeux folemnels, qui attiraient, dans fon fein, le concours de l'Afie & de l'Europe. C'étaient les Jeux Pythiques, les Jeux Ifthmiques, les Jeux Néméens, & les Jeux Olympiques.

Jeux Pythiques (a). — Ils furent inftitués à Delphes, centre du culte d'Apollon, pour célébrer la victoire de ce Dieu fur le ferpent Python; on en attribue l'idée primitive à Diomède.

La difficulté de raffembler les Grecs, dans les fiècles de barbarie qui fuivirent la prife de Troye, déterminèrent à ne célébrer les Jeux Pythiques que tous les neuf ans. Dans la fuite, quand le Péloponèfe commença à refpirer, après la dévaftation caufée par l'invafion des Héra-

---

(a) *Paufan.* Corynth. cap. 32, Phocic, cap. 6 & 7, & Eliac. cap. 14; *Strab.* lib. 9; *Plutarch.* quæft. Grec. & Sympof.; *Callimach.* Hymn. in Apoll.; *Pindar. Pythic.*, od. 6, & Olymp. od. 12; *Lucian*, de Gymnaf. & *Pollux*, lib. 4.

clides, les intervalles fe rapprochèrent, & le période ne fut que de quatre années révolues. C'eft avec un pareil changement, que ce grand fpectacle de Delphes, après avoir été interrompu quelque-tems, reçut fa fanction folemnelle de la main des Amphyctions.

L'Apollon des Grecs était le Dieu de l'harmonie ; auffi les premiers concours dans les Jeux de Delphes, furent ceux de la lyre ; on s'y fervait d'un mode à cinq parties, connu fous le nom de *nome Pythien.* Le nome, en général eft un chant déterminé par des règles, que l'Artifte n'a pas la liberté d'enfreindre. Les combats de lyre, furent, dans la fuite, entremêlés de danfes, mais feulement à l'époque où la gymnaftique Grecque dégénéra en pur fpectacle.

L'Apollon de Delphes, outre fon culte en qualité de Dieu de l'harmonie, en avait un autre, comme vainqueur du ferpent Python ; auffi, en mémoire de ce bienfait rendu à la Grèce, non encore civilifée, on remplit le refte de l'intervalle des Jeux Pythiens, par les courfes des chevaux, par celles des chars, & par les combats d'Athlètes.

Le prix du vainqueur, aux concours de Mufique, fut originairement une fomme d'argent; mais quand on y eut joint les combats du Gymnafe, les Juges aimèrent mieux décerner une palme ou une guirlande de lauriers, pour ceindre la tête du triomphateur. L'argent, aux yeux de ce peuple qui commençait à fe connaître en vraie gloire, était bien vil alors, auprès de la plus fimple des couronnes.

Les Jeux Isthmiques (*a*). — On les nommait ainfi, parce qu'ils fe célé-

---

(*a*) *Paufan.* Corynth. cap. 1 & 2; Attic. cap. 44; Eliac, cap. 1, 2, 3 & 46, & Arcad. cap. 48; *Plutarch.* in Thef. & in Sympof.; *Xenoph·* Hift. Græc. lib. 4; *Strab.* lib. 8; *Lucian.* de Gymnaf.; *Pindar.* od. Paffim; *Plin.* Hift. Natur. lib. 4, cap. 5; *Solin.* cap. 12.

braient dans l'ifthme de Corynthe. Ils
furent inftitués en l'honneur de Mélicerte, pour éloigner une pefte qui exerçait fes ravages dans la contrée. C'était
dans un fiècle où on ne confultait pas les
Médecins, mais les Prêtres, pour guérir
les épidémies.

Mélicerte était l'héritier d'un Athamas,
Souverain d'Orchomène, qui, pour fe
dérober à fes fureurs, fe jetta dans la
mer, avec Ino fa mère, l'époufe du tyran.
Neptune, difent les Poètes Hiftoriens,
divinifa le jeune infortuné, fous le nom
de Palémon, & ordonna à un dauphin
de porter fa dépouille mortelle fur le
rivage de Corynthe. Sifyphe, qui régnait
à cette époque fur l'ifthme, enfevelit le
cadavre du nouveau Dieu; & quelque-
tems après, voyant fes Etats en proie à
la contagion, apprit de l'Oracle, que
l'unique moyen de la faire ceffer, était
d'établir des Jeux funèbres en l'honneur
de Mélicerte; la pefte fe diffipa, quand
l'hiver vint épurer l'atmofphère; mais

Sifyphe, fur la foi des Prêtres, en fit honneur aux Jeux décernés par l'Oracle.

Les Jeux de Mélicerte furent interrompus bientôt, par les brigandages qui s'exerçaient dans l'ifthme de Corynthe; mais Théfée vint, armé de la maſſue des Alcide, purgea le pays des aſſaſſins qui l'infeſtaient, & rétablit les Jeux inftitués par Sifyphe. Seulement, comme ce héros avait aſſez peu de vénération pour un Dieu, qui n'avait d'autre mérite que d'avoir fait naufrage, il voulut que déformais on ne les célébrât qu'en l'honneur de Neptune.

Pline & Solin croyent que les Jeux Ifthmiques fe renouvellaient tous les cinq ans. Pindare, qui devait être mieux inftruit, borne chaque période à trois années. Les concours & les combats étaient à-peu près les mêmes que dans les Jeux Pythiques. Une couronne de pin était le prix du vainqueur. Le pin, dans les fymboles de la Mythologie, eft l'arbre confacré à Neptune.

On croit que les Eléens feuls, eurent le privilége d'être admis à ces Jeux. Les Juges du concours furent d'abord des Corynthiens, enfuite les habitans de Sicyone. Les Jeux Ifthmiques fe prolongèrent bien au-delà de la prife de Corynthe par Mummius, & ils ne furent abolis, que fous l'Empire d'Adrien.

LES JEUX NÉMÉENS (*a*). — On ne peut avoir d'idée claire de ce fpectacle de la Grèce, qu'en fe rappellant une anecdote de l'ancienne Monarchie de Thèbes.

Au tems de la fameufe expédition des Sept Chefs, les confédérés, qui marchaient à la conquête de Thèbes, en traverfant la forêt de Némée, rencontrèrent Hypfipile, féduite, quelques années auparavant, & abandonnée par Jafon, le chef des Argonautes. L'infortunée vivait là,

----

(*a*) *Apollod.* lib. 9 ; *Paufan.* Corynth. cap. 15, Eliac. cap. 16, & Arcad. cap. 48 ; *Strab.* Geogr. lib. 8 ; *Pindar.* od. Paffim.

dans une solitude profonde, cherchant à cacher son opprobre à la nature entière. Un des Généraux Grecs la prie de lui indiquer une source pour se désaltérer; Hypsipile laisse un instant, sur l'herbe, l'enfant qu'elle avait eu de Jason, & conduit le guerrier à une fontaine. Dans l'intervalle, une couleuvre s'élance sur l'enfant, le blesse, & Hypsipile, à son retour, le trouve rendant les derniers soupirs. Les Grecs partagèrent le désespoir de cette mère sensible, & pour appaiser les mânes de son fils, ils instituèrent, en son honneur, les jeux Néméens. Un monument destiné à transmettre aux siècles cette histoire tragique, se voyait encore dans le pays, au siècle de Pausanias.

Suivant une autre tradition, ce fut l'Hercule Grec qui, en mémoire du lion monstrueux qu'il tua dans la forêt de Némée, institua les Jeux Néméens (*a*),

---

(*a*) Il est difficile d'adopter le sentiment vul-

& en fit honneur au Jupiter, dont il tirait gloire d'être le fils adultérin. Quoiqu'il en soit, l'hommage d'Hercule prévalut sur celui des Sept Chefs, & les Prêtres des Jeux Néméens, aimèrent mieux être les Ministres du maître du tonnerre, que ceux du fils inconnu d'Hypsipile.

Les Jeux Néméens se célébraient de trois ans en trois ans ; on y admettait les mêmes concours que dans ceux de l'Isthme ou de Delphes, & le prix était une couronne, tantôt de persil, & tantôt d'olivier.

JEUX OLYMPIQUES (*a*). — Ces Jeux

---

gaire, qui veut que les Jeux Néméens n'aient été que renouvellés par Hercule ; car les travaux de ce héros sont évidemment antérieurs à l'expédition des Sept Chefs. Hercule termina sa carrière, de dangers & d'exploits, l'an 292 de l'Ere de Paros, & ce n'est que l'an 308, c'est-à-dire quinze ans après, que la Chronologie place l'histoire tragique du fils d'Hypsipile.

(*a*) *Herod.* lib. 5, 8 & 9 ; *Paufan.* lib. 2,

ainsi

ainfi nommés , parce qu'ils furent inftitués dans Olympie , fe célébraient , après
quatre ans révolus , à la pleine lune la
plus voifine du folftice d'été. Les Grecs,
par un menfonge de vanité nationale , en
faifaient remonter l'origine jufques dans
ces âges primitifs , où leur pays était encore
fous les eaux. Ils difaient que c'était dans
le ftade d'Olympie , que Saturne & Jupiter avaient difputé , à la courfe , l'empire de l'univers. Le dernier triompha ,
& quelque tems après , en mémoire de
fa victoire fur les Titans , il établit les
Jeux Olympiques. Une autre tradition ,
non moins abfurde , fait honneur de cette
idée à l'Hercule Oriental , qui créa le
détroit de Gibraltar.

Expofer de pareilles rêveries , c'eft affez
les réfuter. Paffons à des époques un peu
moins fufpectes. L'hiftoire parle d'un

---

5 & 6 ; *Strab.* lib 8 ; *Phleg.* Fragm. de Olymp.
Hygin. Fabul. ; *Pind.* od. Paffim.

Clymène, Prince de l'Elide, qui se disait descendant de l'Hercule Oriental, &
qui célébra les Jeux Olympiques, environ
un demi-siècle après le déluge de Deuca-
lion.

Endymion détrôna Clymène, & pro-
posa à ses enfans de disputer, à la course,
le royaume qu'il leur laissait en héritage.
Le stade d'Olympie vit, pour la première
fois, des Princes se faire Athlètes, pour
apprendre à gouverner les hommes.

Pélops, fils de Tantale, voulant faire
d'Olympie le centre de la religion & du
commerce de la Grèce, célébra, après
Endymion, les Jeux Olympiques avec
un appareil inconnu jusqu'alors; mais sa
politique n'eut point le succès qu'il pouvait en attendre, car ces Jeux tombèrent
en désuétude, & il fallut que l'Hercule,
fils d'Alcmène, le meilleur Athlète de
son siècle, vint les rétablir, pour perpétuer la mémoire de ses douze travaux.

L'invasion des Héraclides, en rame-
nant la Grèce à sa barbarie primitive, fit

négliger encore Olympie & son stade ;
ce ne fut qu'environ trois siècles après,
qu'Iphitus, Prince de l'Elide, de concert
avec Lycurgue, le Législateur de Sparte,
donna à ce grand spectacle, la forme in-
variable qu'il a conservée depuis. Iphitus,
pour prévenir, à cet égard, les révolutions de mœurs, d'opinions & d'usages,
fit intervenir un oracle de Delphes, qui
attachait le salut de la Grèce à la célébra-
tion constante des Jeux Olympiques.

Tous les Grecs, connus alors sous le
nom d'Hellènes, furent invités aux Jeux
d'Olympie ; tous purent descendre dans
le stade pour y combattre ; mais les étrangers n'étaient point admis au concours ;
il fallait faire preuve d'Hellénisme, pour
mériter la palme triomphale. Les Rois de
Macédoine eux-mêmes, quand ils se pré-
sentèrent dans le stade pour la course des
chars, éprouvèrent de grandes difficultés ;
comme on croyait leur nation un mélange
de Péoniens & de Thraces, on ne les
comptait point dans la confédération

Hellénique, & il fallut que ces Monarques démontrâſſent qu'ils étaient d'origine Grecque , en produiſant les titres de leur généalogie, qui les faiſait deſcendre de Témène, un des Héraclides.

Les Jeux Olympiques , quoiqu'ils n'ayent jamais été diſcontinués , depuis Iphitus, juſqu'à la conquête de la Grèce par les Romains, par une biſarrerie dont la critique ne peut rendre raiſon , n'ont commencé à ſervir de baſe à la chronologie , que cent huit ans après cette époque ; c'eſt la victoire de l'Athlète Corœbus, remportée 776 ans avant l'Ere vulgaire, c'eſt-à-dire, l'an 806 de l'Ere de Paros, qui conſtitue , dans les annales Grecques , la première des Olympiades.

DU STADE D'OLYMPIE,

ET

DE SON HYPODROME.

Tout ce qui tient aux mœurs du premier des peuples du globe, mérite une attention particulière de la part de l'Historien des Hommes ; c'est à ce titre que nous allons nous arrêter sur la gymnastique des Jeux de la Grèce.

Il y avait, chez les Grecs, deux gymnastiques ; l'une, dont les exercices pénibles, se renouvellaient tous les jours, était destinée à créer des guerriers ; la Sparte de Lycurgue, en faisait le plus grand usage, c'est ce que j'appelle la *Gymnastique d'éducation* ; l'autre, qui ne s'exerçait qu'au bout d'un certain nombre d'années, servait à montrer aux étrangers, la supériorité de la race d'hommes qui habitait la Grèce , fur celle du refte du globe ; c'eft ce que j'appelle la *Gymnaftique de fpeſtacle*.

C'eft fur-tout dans les Jeux Olympiques, que cette gymnaftique de fpectacle fe montrait dans toute fa magnificence ; & il fallait que l'opinion fur la gloire du vainqueur dans ces Jeux , maîtrifât fingulièrement toute la Grèce , puifque les Rois, qui envoyaient leurs chars au concours , mettaient l'adreffe d'un cocher au rang des fervices rendus à l'Etat , & que le nom d'un Athlète victorieux , fervait de bafe aux époques de la chronologie.

Avant de parcourir tous les détails de la gymnaftique de fpectacle , il n'eft point inutile de deffiner un moment le lieu de la fcène (*a*).

Le Gymnafe d'Olympie annonçait ,

(*a*) *Paufan.* Eliac. Paffim. ; *Pindar.* od. ; *Plin.* Hiftor. Natur. lib. 2 , cap. 23 ; *Cenfor.* cap. 13 ; *Lucian* , de Gymnaf. ; *Pollux* , lib. 3.

par fa diftribution, combien la politique Grecque refpeĉtait le fang des hommes. Il y avait une carrière deftinée pour la courfe des gens de pied & les exercices des Athlètes, & une autre pour la courfe des chars & des chevaux. La première était connue fous le nom de ftade, & l'autre fous celui d'hypodrome. Il n'était point permis de s'exercer indifféremment dans les deux carrières ; règlement qui empêchait qu'un vain fpeĉtacle ne coutât la vie à l'Athlète qui paffait fa jeuneffe à mériter une couronne de pin ou d'olivier.

Le ftade était deftiné pour tous les exercices pédeftres de la gymnaftique, tels que la courfe, le faut, le palet, la lutte, le pugilat. Les détails de ces divers exercices occuperont, dans la fuite, quelques chapitres de l'Hiftoire des Hommes.

Paufanias, notre principal guide, ne détermine pas la longueur du ftade. Cependant, cette évaluation eft très-importante, parce qu'elle eft la bafe de toutes les anciennes mesures itinéraires. Le stade de Delphes, destiné aux Jeux Pythiques, était le plus grand de tous, il renfermait 125 toises, ou 750 pieds, de la barrière à la borne.

Hercule mesura, dit-on, lui-même le stade d'Olympie, & comme sa taille était supérieure à celle de ses contemporains il en résulta un stade plus grand que celui d'autres nations, qui mesuraient le leur par le même nombre de pas. Le stade d'Hercule, ou l'Olympique, est de 567 pieds, ou un peu plus de quatre-vingt-quatorze toises.

Le stade Olympique, semble la mesure intermédiaire entre le stade Pythique & le stade vulgaire; ce dernier résulte des calculs astronomiques sur les degrés du globe, & il ne s'évalue qu'à 306 pieds ou à 51 toises.

A l'une des extrémités était la barrière qui, souvent, ne consistait qu'en une corde tendue avec force, derrière laquelle se rangeaient les Athlètes, dans l'ordre que le fort leur affignait. La corde abattue, était le fignal qu'on ouvrait la lice.

A l'autre extrémité du ftade, on voyait un maffif de pierres de taille, qui conftituait la borne. Comme les Athlètes étaient obligés de la doubler, au moins une fois, pour être vainqueurs, les Juges des Jeux avaient leur fiége du côté de la barrière.

L'hypodrome d'Olympie, mérite encore plus d'attention que fon ftade. C'était un quarré-long, qui avait quatre ftades dans fa grande dimenfion, & un feul dans fa petite. Un édifice de quatre cents pieds de long, fervait de barrière ; de chaque côté étaient des remifes où fe rangeaient les chars, dans la place que le fort leur avait affignée. Ils y demeuraient enfermés par des cables, qui fermaient l'entrée des remifes, jufqu'à ce qu'un dauphin s'abattant de deffus la porte de l'hypodrome, les cordes qui captivaient les chars s'abattaient auffi : alors tous fortaient en même-tems, & allaient, en deux files, occuper la place qui leur était deſtinée dans la carrière.

L'enceinte de l'hypodrome était fermée par un mur à hauteur d'appui, derrière lequel ſe rangeaient les ſpectateurs, & qui les empêchait, à la fois, de trembler pour leur vie, & de troubler le ſpectacle.

Homère, qui eſt encore un Hiſtorien utile, quand il n'eſt pas un Poète ſublime, nous apprend auſſi qu'au-delà du terre-plein qui environnait la borne de l'hypodrome, régnait une tranchée d'une pente douce (*a*), qui était en même-tems

---

(*a*) » Ménélas, dit un Traducteur moderne, » voulant éviter la rencontre des chars, ſuivait » un chemin étroit, bordé d'une eſpèce de ra- » vine : Antiloque prend la même route, s'ap- » proche de Ménélas, & le pouſſe vers le pré- » cipice ; *Arrêtez*, s'écrie le Roi de Sparte, *votre* » *fureur nous perdra tous deux*. Antiloque, » ſourd à ſes cris, le preſſe avec plus d'ardeur » encore, & le devance : car Ménélas, craignant » quelque déſaſtre, retient ſes courſiers ; cepen- » dant il s'emporte contre ſon adverſaire : *Va*, l'ouvrage du goût & de l'humanité. Cette efpèce de ravine devenait néceffaire, dans le cas où un des chars venait à fe brifer contre la borne ; autrement cet accident aurait mis fin au fpectacle. Il fallait donc que les chars qui fuivaient, defcendiffent dans le foffé , & fiffent , autour de la borne, un cercle plus étendu, afin que les débris du premier char ne les brifsâffent pas auffi à leur tour. Cette inftitution de police , était encore dictée par la fenfibilité : le conducteur d'un char tombait ordinairement avec lui ; mais fi fes rivaux avaient le droit de fe précipiter fur lui,

---

» *jeune homme impétueux* , dit-il, *va , je révé-*
» *lerai ta fraude* , & *tu ne remporteras le prix*
» *que par un parjure.* Voyez Iliad. Liv. XXIII «.

Les plaintes de Ménélas, fur le crime d'Antiloque , prouvent encore la grande police que les Directeurs des Jeux faifaient obferver parmi les combattans : & en effet , le hafard occafionnai^t affez de défaftres dans les courfes de chars , fans tolérer encore ceux qu'y faifaient naître l'artifice ou la malignité.

quelle pouvait être fa reffource , au milieu de ces débris de chars fracaffés , de
ces chevaux fougueux , & de ces Athlètes
qui n'afpiraient pas à vivre , mais à vaincre ? Il fallait donc forcer les combattans ,
dans un inftant où la gloire feule fait entendre fa voix , à ménager le fang des
hommes ; & cette inftitution était digne
de ces Grecs , qui , pour venger un citoyen écrafé fous les ruines d'un monument , firent le procès à la ftatue pour
laquelle on l'avait érigé.

La forme des chars , employés aux Jeux
Olympiques , ne varia jamais. Les Grecs
n'en connaiffaient que d'une efpèce , qu'ils
nommaient *arma;* & l'unique différence
qu'on obfervait entre eux , venait de la
diverfité des attelages (*a*) ; leur *funoris*

______

(*a*) Il eft certain que Paufanias ne parle jamais
que de l'arma ; & quand Amafée, fon traducteur
latin , a rendu les mots de *calpé* & d'*apené* , par
ceux de *rhéda* & de *carpentum,* qui défignaient ,
à Rome , deux fortes de chars , il a manqué de

était un arma attelé de deux chevaux ; quand ils en mettaient quatre, ils l'appellaient *tétroris*, & ce qu'il y a de bien étrange, c'est que l'inftitution du tétroris précéda celle du funoris de deux cents foixante-douze ans. Les quatre chevaux du tétroris étaient rangés de front, ce qui devait rendre ce char bien plus rapide & bien plus dangereux encore que les nôtres ; mais on ne s'en fervait que dans les jeux & dans les combats. Ainfi, le luxe de la Grèce, ne pouvait mutiler que des ennemis de l'Etat, ou des Athlètes.

Au refte, dans la première époque de l'inftitution des chars, il n'était pas permis indifféremment à tout homme riche d'en ufer ; c'était un privilége réfervé pour les héros, les ftatues des Dieux, & les femmes.

---

fidélité. Le calpé des Grecs n'était que l'arma attelé de jumens, & l'apené, la même voiture, attelée de mules : les meilleurs Traducteurs des Ecrivains Grecs ont, à chaque moment, befoin d'être redreffés.

Un homme qui n'eût été que riche, n'aurait pu se faire traîner mollement sur un char, conduit par un esclave ; Minos l'aurait chassé de Crète, Lycurgue de Sparte, & Solon d'Athènes : pour les autres villes de la Grèce, il s'y ferait vu flétri ; & on sait que dans tout bon gouvernement, on est encore plus sensible au mépris du citoyen, qu'à la poursuite de la loi.

DES COURSES

EN USAGE

DANS LES JEUX OLYMPIQUES (*a*).

LA courfe tenait le premier rang dans les jeux gymniques de la Grèce, & ceux d'Olympie tirèrent long-tems, de cet exercice feul, toute leur folemnité. On

---

(*a*) *Paufan.* in Eliac.; *Athen.* Deipnofoph. lib. 14; *Pollux* Onomaft. lib. 3 ; *Homer.* Iliad. & Odyff. Paffim; *Lucian.* de Gymnaf.; *Plutarch.* Oper. Moral.; *Suidas* Lexicon., & cinq Differtations à-la-fois exactes & profondes de Burette, dans les Mémoires de fon Académie, petite édit. in-12. *Mém.* tome IV, pag. 316. Pour ne point furcharger d'une érudition inutile les notes de ɔet Ouvrage, nous prévenons que telles font nos autorités, pour tout ce qui nous refte à dire fur la Gymnaftique.

courait, dans la carrière, foit à pied, foit
à cheval, foit en char. Nous avons parlé
des deux derniers genres de courfes, en
traitant de l'hypodrome.

La courfe à pied, devait faire partie
des inftitutions d'un peuple guerrier; on
fent combien elle eft néceffaire à un
foldat dans les marches précipitées, foit
en cas de victoire, pour atteindre un
ennemi qui cherche fon falut dans la
fuite, foit en cas de défaite, pour fe dérober à une mort infructueufe pour la
patrie; auffi Homère, le peintre des
mœurs par excellence, fait-il, de cette
partie de la gymnaftique, les plus grands
éloges, & quand il appelle Achille,
l'homme au pied léger, il croit relever
encore le héros de l'Iliade.

Les coureurs ordinaires fe préfentaient,
à la barrière, le corps oint d'huile &
entièrement nuds, à l'exception d'une
écharpe qu'ils mettaient à la ceinture.
Quand l'art Athlétique fe fut perfectionné, on admit, au concours, des

coureurs armés de toutes pièces, ce qui, en rendant la course plus pénible, ajoutait à l'intérêt du spectacle. Cette innovation n'eut lieu qu'à la soixante-cinquième Olympiade.

Les coureurs, rangés suivant l'ordre du fort le long de la barrière, préludaient, pour se tenir en haleine, par divers mouvemens, qui réveillaient leur souplesse & leur légèreté. Le signal donné, on les voyait, tous à la fois, s'élancer vers la borne, avec la rapidité de l'éclair. Il leur était défendu, sous les peines les plus infâmantes, de prendre leurs concurrens par les cheveux, de les jetter par terre, & de se procurer ainsi la victoire, par des moyens qui la deshonorent.

Dans les âges primitifs, parcourir une seule fois l'étendue du stade, suffisait pour constituer une course; le vainqueur trouvait, à la borne qu'il atteignait le premier, les Juges qui lui décernaient la couronne.

Quand la gymnastique sortit de son

berceau, on imagina la courſe du double
ſtade ; c'eſt-à-dire, que l'Athlète, après
avoir parcouru le ſtade, de la barrière à
la borne, était obligé de revenir, ſans
s'arrêter, de la borne à la barrière ; le
ſtade d'Olympie était diſpoſé, en particulier, pour ce genre de courſe ; voilà
pourquoi les ſiéges des Juges, qui décernaient la couronne, étaient du côté de la
barrière.

On ſe doute bien que les courſes des
chevaux & des chars, dans les hypodro-
mes, étaient plus compliquées que celles
des Athlètes dans le ſtade. D'heureuſes
conjectures ſur les textes des Anciens,
conduiſent à croire que les chevaux
allaient & revenaient deux fois, de la
barrière à la borne, & de la borne à la
barrière, & les chars ordinairement huit
fois, & quelquefois douze. Rome qui,
en aſſerviſſant la Grèce, copia tous ſes
ſpectacles, transféra, dans ſon cirque,
les courſes des chars de l'hypodrome
d'Olympie ; mais elle borna les douze

révolutions à fept, &, dans la fuite, Domitien, qui voulait donner cent courfes en un jour, les réduifit à cinq. On dit qu'à cette époque, la diminution du péril, commença à avilir la victoire.

DE

LA LUTTE et DU PUGILAT.

L'HISTOIRE simple des Arts, n'est faite que pour servir d'aliment à une frivole curiosité : leur histoire philosophique qui en embrasse toute la chaîne, qui en découvre l'origine , non dans les livres, mais dans la nature, qui en fait observer les progrès insensibles , depuis leur naissance jusqu'au moment où ils se dégradent, en outre-passant les limites du beau; cette histoire philosophique, dis-je, bien plus importante que l'autre, doit la précéder , pour faire pardonner l'aridité de ses détails.

La première supériorité de l'homme social, dans les zones tempérées, vint de sa force, & dans la zone torride, où tout s'énerve de bonne-heure, de sa beauté;

voilà pourquoi, dans les trois quarts du globe connu, les peuples qui commençaient, firent Roi, le plus robuste de leurs guerriers, & que, dans quelques contrées de l'Orient, habitées par des Sybarites, le trône fut souvent déféré à l'adolescent, dont les graces touchantes démentaient le sexe. Etre fort ou être beau, semblait désigner, aux sociétés naissantes, qu'on était digne de gouverner les hommes.

Le genre humain se civilisa ; les peuples demandèrent aux Rois une intelligence & une ame ; les Gouvernemens mixtes, ces chef-d'œuvres de la raison perfectionnée, naquirent des débris de la démocratie & du despotisme ; mais la force & la beauté, ne cessèrent pas d'être honorées ; l'une servit d'appui aux loix, l'autre, transportée aux arts, fit naître l'idée des chef-d'œuvres de la sculpture, de l'Apollon du Belvédère, & de l'Antinoüs.

La force, sur-tout, devait peu perdre de ses avantages primitifs, chez des peuples d'une imagination vive & fenfible, tels que les Grecs, qui ne laifsèrent jamais dégénérer chez eux l'efpèce humaine; lors même qu'une tactique lumineufe vint y modifier la force individuelle, pour augmenter la force générale, on encouragea encore la première, en inftituant une gymnaftique de fpectacle, & en décernant aux Perfée & aux Hercule, les honneurs de l'apothéofe.

La gymnaftique de fpectacle, n'était, en général, qu'un figne commémoratif des exploits des héros des premiers âges; pour fe rapprocher davantage de la vérité, on ne fit long-tems combattre les Athlètes, qu'avec les armes de la nature; de-là, le pugilat & la lutte, par lefquels s'ouvraient, d'ordinaire, les quatre grands Jeux de la Grèce.

La Lutte. — Les luttes des hommes primitifs, ne furent gueres que des affauts de force; dans la fuite, l'adreffe vint défier la force, & réuffit même à en triompher; Théfée, un des hommes les plus robuftes

& les plus adroits de son siècle, vainqueur, dans ce genre de combat, des
brigands qui défolaient l'Attique, établit,
dans sa capitale, des Gymnases, sous le
nom de *palestres*, où la jeunesse recevait
des leçons publiques de lutte. Il sortit de
ces palestres des guerriers qui servirent
leur patrie dans les combats, & des Athlètes
qui l'honorèrent, par leurs triomphes,
dans les jeux Olympiques.

Les Lutteurs des jeux, après avoir subi
diverses frictions nécessaires pour ouvrir
les pores, rendre le mouvement du sang
plus rapide, & augmenter, par-là, le
ressort des muscles, se présentaient dans
l'arène, le corps oint d'huile & couvert
de poussière ; on les appariait deux à
deux, & plusieurs luttes s'exécutaient en
même-tems, afin que le contraste des
grouppes, augmentât le charme du spectacle.

Les Anciens paraissaient avoir distingué trois espèces de luttes ; la plus simple
est celle où l'on employait seule-

ment l'extrémité des mains, & où il ne s'agiſſait ainſi que de vaincre la réſiſtance des jointures de ſon adverſaire. Cette lutte, connue ſous le nom d'*Acrochériſme*, plus faite pour des enfans que pour des hommes murs, devait, à cauſe du peu de péril, n'entraîner qu'une faible gloire; cependant on cite un nommé Soſtrate, qui, fier d'avoir remporté douze couronnes d'Acrochériſme, ſe fit ériger, dans Olympie, une ſtatue, qu'on voyait au ſiècle de Pauſanias.

Une lutte un peu plus digne des Théſée & des Hercule, était la *perpendiculaire*, où l'on combattait debout, juſqu'à ce qu'un des antagoniſtes fût renverſé; on y voyait, avec une forte d'effroi, les Athlètes s'entrelaſſer les membres, ſe plier obliquement ſur le côté, s'élever en l'air, ſe heurter de front, & ſe ſerrer la gorge juſqu'à s'ôter la reſpiration; quelquefois l'Athlète terraſſé, entraînait ſon adverſaire dnas ſa chûte; alors le combat recommençait, & ils luttaient, couchés ſur le fable, se roulant l'un sur l'autre, jusqu'à ce que le plus faible, épuisé, demandât quartier, & cédât la victoire. On appellait cette dernière lutte l'*horisontale*.

Il fallait, pour être couronné dans la lutte Olympique, combattre trois fois de suite, & terrasser, au moins deux fois, son adversaire.

Presque tous les Poètes fameux, de la Grèce & de Rome, ont décrit des luttes antiques, & ils se font plu à animer ces tableaux, arides par eux-mêmes, du feu de leur génie. L'homme de goût doit, sur-tout, consulter, dans Homère, la lutte d'Ulysse & d'Ajax, & dans Ovide, celle d'Hercule & d'Achéloüis.

Rome possède, dans ses Antiquités Grecques, un grouppe superbe de marbre, représentant deux Lutteurs, dont celui qui est terrassé se débat encore, pour disputer un reste de victoire. On peut admirer encore ce monument du siècle de Périclès, après avoir lu les beaux vers de l'Iliade & des Métamorphoses.

Le Pugilat. — Cette efpèce de lutte antique, où, parmi les armes naturelles, on n'employait que le poing, n'avait rien de compliqué ; tous les mouvemens fe réduifaient à frapper ou à parer, & le combat finiffait, quand l'un des deux Athlètes, affaibli par l'effufion de fon fang, ou cédant à la douleur, caufée par fes bleffures, demandait quartier à fon adverfaire. Cette idée de demander quartier, bleffait fi fort la fierté des Spartiates, que ces hommes, accoutumés à vaincre ou à mourir, pour n'être jamais obligés de prononcer ce mot humiliant, avaient banni le pugilat de leurs Gymnafes.

Le pugilat était connu des Grecs primitifs ; on voit, dans le Poëme d'Apollonius de Rhodes, un Amycus, Roi de Bébrycie, defpote bifarre & altier, qui ne permettait à aucun étranger de fortir de fes Etats, à moins qu'il n'eût éprouvé fes forces, dans cette partie de la gymnaftique ; cet Amycus fut vaincu au pugilat, & tué par un des Argonautes.

Malgré l'antiquité du pugilat, cette espèce de lutte, ne fut admise, dans les jeux Olympiques, qu'à la vingt-troisième Olympiade.

La fameuse statue de la Vigne Borghèse, connue sous le nom du *Gladiateur,* n'est qu'un Athlète Grec, qui s'exerce au pugilat. Comme c'est un des chef-d'œuvres de l'ancienne sculpture, les Artistes Modernes l'ont copié plusieurs fois, & il respire, soit en marbre, soit en airain, dans presque toutes les capitales de l'Europe.

Quoique le pugilat simple, tel que nous venons de le décrire, fût souvent sanglant, & quelquefois même meurtrier, des hommes, blâfés sur les combats de la nature, s'avisèrent, dans la suite, de le rendre plus terrible encore, en armant d'un ceste, le poing des Athlètes. On donnait ce nom à des gantelets, composés de bandes de cuir, tantôt parallèles, & tantôt croisées, qu'on fortifiait de boffettes de métal, pour en rendre la

furface raboteufe ; les gantelets s'atta-
chaient au poignet du Lutteur , & il s'en
fervait , pour couvrir fes adverfaires de
bleffures profondes , que la nature de
l'arme offenfive rendait très- difficile à
guérir. Il eft affreux de penfer que ce
cefte Grec , a conduit Rome, ivre du
fang humain , à deshonorer fon arène ,
par les combats des Gladiateurs.

Au refte , il faut rendre juftice à la
Grèce. Son peuple humain , en adoptant
l'arme terrible du cefte dans fes fpecta-
cles , décida que chaque Lutteur aurait
fur la tête , une efpèce de demi-cafque
qui amortirait la violence des coups , fur
les parties les plus délicates. Cette arme
défenfive était d'airain , & on la connaiffait fous le nom d'*Amphotides*. Dans les
combats à outrance, plufieurs Athlètes péri-
rent fur l'arène , malgré leurs amphotides.

On peut juger de cet enthoufiafme
pour la gloire , qui faifait braver aux
Athlètes la douleur & la mort, par le
trait d'Eurydamas , qu'Elien nous a con-

fervé (*a*). Ce Lutteur, après un combat long & opiniâtre, reçut un coup de ceſte qui lui briſa une partie de la mâchoire ; il vainquit ſa douleur, eut le courage d'avaler ſes dents l'une après l'autre, avec le ſang qui ſortait de la plaie, &, par cette ruſe étrange, découragea tellement ſon adverſaire qui avait ramaſſé toutes ſes forces pour porter ce coup terrible, qu'il le contraignit à lui céder la victoire.

Quand les Lutteurs vaincus, ne tombaient pas morts ſur l'arène, ils ſortaient toujours du combat du ceſte tellement défigurés, qu'ils en devenaient méconnaiſſables. Cette difformité, dans les derniers ſiècles de la Grèce, où le ſang de l'homme commençait à être mieux apprécié, attira à ces infortunés une foule d'épigrammes. En voici une aſſez plaiſante, qu'on trouve dans l'Anthologie.

Ce fier vainqueur d'Athlètes couronnés,
Qui dans les jeux opéra des merveilles,

(*a*) *Var. Hiſtor.* lib. 10, cap. 19.

Ainſi que nous eut autrefois un nez,
Des yeux de feu, des dents & des oreilles;
L'infortuné, victime de l'honneur,
A tout perdu dans les combats du ceſte,
Son patrimoine eſt le bien qui lui reſte;
Encor bientôt le fort perſécuteur
Va l'enlever par un procès funeſte;
Tout, juſqu'au nom, ſe conteſte au Lutteur;
Les Tribunaux, prévenus par ſon frère,
Confronteront l'homme avec ſon portrait;
Et, confondu par ce témoin muet,
Il ceſſera d'être fils de ſon père.

Quoique le vrai Gladiateur appartienne à l'Hiſtoire de Rome, comme c'eſt aux luttes ſanglantes du ceſte qu'on doit l'idée de cet horrible ſpectacle, c'eſt ici le lieu de faire connaître aux Amateurs de l'antique, le fameux marbre, connu ſous le nom du *Gladiateur mourant*. On voit l'infortuné aſſis, & ſoutenant ſon corps livide de ſa main défaillante, tandis que le ſang coule de ſa bleſſure. L'excellence de l'ouvrage, annonce qu'il eſt d'un Artiſte Grec, qui vivait ſous le beau ſiècle d'Alexandre.

DU PANCRACE, DU PENTATHLE,

ET DE QUELQUES AUTRES

EXERCICES DE L'ANCIENNE

GYMNASTIQUE.

Les Athlètes de la Grèce, avides de toutes fortes de couronnes, s'effayaient, dans leurs Gymnafes, à différens exercices ; ce qui a hériffé d'une foule de nouveaux mots, la nomenclature de l'ancienne gymnaftique.

On appellait *Pancrace,* l'art réuni de la lutte & du pugilat.

Le *Pentathle* renfermait, fuivant l'opinion la plus commune, la courfe, la lutte, le faut, l'exercice du difque & celui du javelot.

Il fallait que l'exercice du faut & celui du javelot, peu dangereux par eux-mêmes, n'acquissent au vainqueur qu'une gloire vulgaire, puisque Pindare, qui semblait avoir consacré sa plume à l'éloge des Athlètes, ne dit rien, dans ses Odes, de cette partie de la gymnastique; l'art de franchir légèrement un espace plus ou moins long, était, en effet, assez peu utile à des hommes, qui ne savaient pas fuir dans une défaite; pour l'adresse à lancer le javelot, à force d'être commune à un peuple de guerriers, elle perdait, à ses yeux, presque tout son prix; les Grecs aimaient mieux qu'on les crut capables de viser à un ennemi sur un champ de bataille, qu'à un but dans un Gymnase.

L'exercice du disque ou du palet, qui au fond est encore moins relevé que celui du javelot, tenait cependant un rang distingué dans les quatre grands Jeux de la Grèce; il faut l'attribuer peut-être à la célébrité de quelques avantures arrivées aux Dieux & aux Rois qui s'étaient fait Discoboles. On se rappellait, avec une espèce de terreur religieuse, qu'Apollon, qui s'était dérobé du Ciel, pour venir, dans Sparte, jouer au palet avec son favori Hyacinthe, l'avait tué par mégarde dans le Gymnase. Une autre tradition, un peu moins suspecte, représentait Persée, dans les jeux de Larisse, frappant, sans le savoir, avec son disque, la tête octogénaire du Roi son ayeul. Il n'y avait point d'Athlète, qui ne se crût flatté de gagner une couronne dans un exercice où les Dieux tuaient leurs amis, & où les héros ne devenaient célèbres que par des parricides.

Cependant les victoires au disque seul, valaient rarement le prix gymnique; on ne le décernait, dans la plupart des jeux, que quand le vainqueur s'était distingué dans d'autres exercices. Le disque, par exemple, faisait essentiellement partie du pentathle, dans les jeux Olympiques, & c'est à ce titre qu'il fut admis au concours, dans la dix-huitième Olympiade.

Le disque était, originairement, une pierre polie, ou une masse, formée d'un bois très-compact; dans la suite, on le fit de métal. Le disque qu'Achille fit servir aux jeux funèbres de Patrocle, n'était qu'un simple lingot de fer, qui n'avait point été travaillé au marteau. Le héros, qui sans doute avait choisi pour Athlètes des Briarées & des Encelades, donna, à ce lingot, un volume si énorme, que suivant l'expression d'Homère, *il devait fournir du fer pendant cinq ans, aux fermiers du vainqueur, quelque vaste que fût son patrimoine.* L'homme de goût, sent qu'il ne faut pas plus presser ces hyperboles, que les comparaisons *à longue queue* de l'Iliade.

Quand les héros ne lancèrent plus des poids de plusieurs quintaux, c'est-à-dire, au siècle de la raison, on fit les disques d'un métal travaillé, & dans la forme lenticulaire. L'athlète qui le lançait était nud, ou tout au plus ceint d'une écharpe. Son attitude pittoresque, au moment où il balançait son palet, pour le faire atteindre au but, prêtait naturellement au

ciſeau du Sculpteur ; auſſi l'antiquité ne
parlait-elle qu'avec enthouſiaſme du Diſ-
cobole de Myron , le rival des Phidias &
des Praxitèles (a).

(a) *Quintil.* inſtit. orat. lib. 2 , cap. 13.

NOVICIAT DES ATHLÈTES;

LEURS TITRES POUR ÊTRE ADMIS AUX JEUX; LEUR COURONNEMENT ET LEURS PRIVILÉGES (a).

ON ne naissait point Athlète, comme l'homme de génie naît Poète ou Orateur. C'était par le noviciat le plus austère, qu'un Lutteur, par exemple, se rendait digne de voir ceindre, d'une couronne de feuillage, sa tête sans oreilles.

Dans l'origine, les Athlètes admettaient le régime de Pythagore, & avaient

---

(a) *Plin.* Histor. Natur. lib. 23, cap. 7; *Pausan.* Eliac.; *Senec.* epist. 78 & 80.

(a) *Plin.* Hiſtor. Natur. lib. 23, cap. 7; *Pauſan.* Eliac.; *Senec.* epiſt. 78 & 80.

encore ajouté à sa rigueur, car ils s'astreignaient à ne manger que du fromage mou, des noix & des figues sèches; ils passaient leur vie dans les Gymnases, souffrant les intempéries de l'air, les coups & toutes les épreuves qu'un maître impérieux leur faisait subir; on leur interdisait le vin, & jusqu'à la vue des femmes (*a*).

Comme cette continence parfaite, surtout par rapport à la pente qui entraîne un sexe vers l'autre, est rarement au pouvoir d'un individu bien organisé, les maîtres de Palestres s'étudiaient à dompter la nature dans leurs Elèves, en leur prescrivant des bains froids, & en leur faisant porter, sur les reins, des plaques de plomb. On ne connaissait point encore

____

(*a*) Tous les détails de ce noviciat sont renfermés dans ces vers d'Horace :

Qui studet optatam cursu contingere metam
Multa tulit fecit que puer, sudavit & alsit,
Abstinuit venere & vino.

la vertu cruelle de ces boiſſons réfrigéra-
tives, qui, en laiſſant les deſirs, ôtent
la puiſſance de les ſatisfaire, & tuent
l'homme, pour lui laiſſer l'apparence de
la chaſteté.

Le noviciat des Athlètes durait dix
mois, & le dernier, ſur-tout, qui tou-
chait à l'époque des Jeux, était ſi terrible,
qu'il faiſait deſirer les vraies luttes de
Delphes ou d'Olympie ; luttes, dont les
dangers diſparaiſſaient, du moins à la
vue des couronnes.

Les Coureurs, outre le noviciat ordinaire des Athlètes, ſubiſſaient quelquefois, par rapport à la rate, des opérations
dont la ſenſibilité ſe révolte. Les Phyſi-
ciens ſavent combien ce viſcère influe
ſur la légèreté du corps humain ; comme
ſa fonction dans l'économie animale, eſt
de ſubtiliſer le ſang, ſi ce fluide, par la
mauvaiſe conſtitution de l'organe qui
l'élabore, s'épaiſſit, les muſcles s'engour-
diſſent ; de plus ce viſcère, gonflé ou
endurci, ne peut manquer, en compri-

mant le diaphragme, de rendre la respiration fréquente & laborieuse. Les Coureurs, pour se mettre en état, malgré une nature marâtre, de remporter le prix de la course, employèrent souvent des remèdes internes de la plus grande activité, pour diminuer le volume de la rate ; quelquefois même, ils employèrent le fer & le feu pour l'extirper ; car il n'est pas démontré, en Anatomie, que ce viscère soit essentiel à l'homme *(a)*.

Un Athlète, qui avait subi avec distinction le noviciat le plus rigoureux, n'était pas encore sûr d'être admis au

---

(a) *Peculiare cursûs impedimentum,* dit Pline, *aliquando in liene ; quamobrem inuritur cursorum laborantibus,* Hist. Natur. lib. 11, cap. 37 ; cette opération était même si peu mortelle, qu'Hippocrate nous en a laissé les détails historiques : on prenait, dit ce Médecin, des champignons desséchés, on y mettait le feu, & on les appliquait, jusqu'au nombre de huit ou dix, sur la région de la rate. Chacun d'eux laissait son escarre. *De intern. at. sect.* s. 20.

concours dans les Jeux Olympiques. On exigeait de lui qu'il fût Grec, & que sa naissance ne fût point équivoque ; la moindre tache sur ses mœurs & sur sa vie, était aussi un titre d'exclusion. Un Héraut, à cet effet, à l'ouverture des Jeux, promenait le Candidat dans toute l'étendue du stade, ayant toujours la main sur sa tête, pour le désigner au peuple assemblé ; & si quelqu'un élevait des doutes légitimes sur sa naissance ou sur sa personne, on le renvoyait, avec ignominie, hors de la barrière.

L'Athlète, une fois admis, était conduit, en cérémonie, à l'autel de Jupiter, pour y jurer qu'il avait subi son noviciat, & qu'il observerait religieusement toutes les loix de la gymnastique. Ce Jupiter portait la foudre dans chaque main, *pour inspirer*, disent les Anciens, *plus de terreur aux parjures.*

Parmi les loix de gymnastique, dont l'Athlète admis jurait l'observance, il y en a une qui fait honneur à l'humanité

dès Grecs. Il était défendu, dans les exercices sanglans, de la lutte ou du pugilat,
de tuer volontairement son adverfaire,
même quand il ne lui reftait pas d'autre
reffource pour triompher ; s'il y avait un
meurtre, & qu'il parût prémédité, l'A-
thlète vainqueur était privé de la couronne ; affront fi fenfible à ces êtres avides
de gloire, que Cléomède, l'un de ces
affaffins, en perdit la raifon.

Il n'était pas effentiel, dans les quatre
grands Jeux de la Grèce, de combattre
pour être couronné ; il fuffifait de fe pré-
fenter dans l'arène, & de défier le corps
des Athlètes ; car il y avait des héros, tels
qu'Hercule & Milon, dont la grande
renommée écartait tous les adverfaires
qui auraient pu fe mefurer avec eux. Alors
ils recevaient la palme, comme s'ils avaient
été vainqueurs, & femblaient, par cet
aveu tacite de fupériorité, triompher,
non d'un homme, mais de toute la
Grèce.

Quelquefois on couronnait un Athlète

mort, quoique son adversaire fût plein
de vie. Ce paradoxe est expliqué par Phi-
loftrate (*a*). Un Lutteur célèbre difputait
le prix du pancrace à Olympie ; fon adverfaire le faifit à la gorge, &, au moment
où il était prêt d'être fuffoqué, il eut affez
de préfence d'efprit pour lui faifir le pied,
& lui caffer un des orteils. Alors la fcène
changea ; l'Athlète eftropié, vaincu par la
douleur, demanda quartier, & l'Athlète
expirant, fut proclamé vainqueur.

Auffi-tôt qu'un Athlète avait été couronné, on le revêtait d'une robe triomphale, & on lui faifait parcourir le ftade,
précédé d'un Héraut, qui inftruifait le
peuple de fon nom & de la ville qui
l'avait vu naître ; alors les acclamations fe
faifaient entendre ; on jettait des fleurs à
l'Athlète, & les Poètes lyriques prépa-
raient fon apothéofe.

De retour dans fa patrie, l'Athlète

(*a*) *Icon.* lib. 2, imag. 6.

vainqueur voyait ſes concitoyens partager l'ivreſſe de ſa gloire. Il entrait dans la ville, monté ſur un char à quatre chevaux, non par la porte, mais par une brèche faite exprès aux remparts, comme pour faire entendre que des hommes, deſtinés à vivre avec un guerrier couronné, pouvaient ſe repoſer ſur ſa valeur, ſans chercher à s'entourer d'une vaine enceinte de murailles.

Ce triomphe était ſouvent terminé par des feſtins ſomptueux, que l'Athlète couronné donnait au peuple. Un Empedocle d'Agrigente (*a*), cédant à la tyrannie de l'uſage, invita ſes concitoyens à un repas; mais il était diſciple de Pythagore, &, à ce titre, il ne pouvait, ſans apoſtaſie, faire paraître de la chair ſur ſes tables; le Philoſophe ſe tira d'affaire, en formant un bœuf factice avec des aromates, qu'il dépéça le jour du feſtin, & qu'il diſtribua

---

(*a*) *Athen.* Deipnoſoph. lib. 1, cap. 3.

à fes convives ; l'odorat ainfi fatisfait, on fervit, à ceux qui avaient faim, du lait, des fruits & des légumes.

Outre les honneurs décernés à l'Athlète victorieux, à l'époque de fon triomphe, on lui accordait des priviléges très-étendus, dont il jouiffait tout le cours de fa vie. Un des plus honorables, était le droit de préféance dans les quatre grands Jeux de la Grèce, & un des plus lucratifs, l'avantage d'être nourri, jufqu'à fa mort, aux dépens de fes concitoyens. Cependant, à caufe de la multitude d'Athlètes dont la vieilleffe pareffeufe devenait à charge à leurs villes, on reftreignit, dans la fuite, prefque par-tout, le dernier privilége. Solon, en particulier, changea, en une penfion annuelle très-modique, le droit d'être nourri aux dépens d'Athènes. Il ne voulait pas qu'un frivole héros de Jeux, pût fe croire au niveau du grand homme qui avait fervi la patrie par fes lumières ou par fes victoires.

Solon, circonfcrit dans fes réformes

légiflatives, par l'opinion, ce tyran de tous les hommes raffemblés en fociété, n'ofa pas étendre fa réforme jufqu'aux ftatues des Athlètes; cependant, l'abus, en ce genre, était déja porté, à cette époque, à fon dernier période; on faifait refpirer, en bois, en marbre, en bronze, non-feulement les Athlètes, mais encore les chevaux qui leur avaient procuré la victoire; & il était bien étrange de voir, dans une place publique d'Athènes, le cheval d'un Coureur, figurer avec l'image fublime d'un Ariftide ou d'un Socrate.

L'honneur d'être cité dans les annales de la Grèce & de leur fervir d'époque, devait encore plus flatter la vanité des Athlètes, que l'érection d'une ftatue; il eft vrai que cet ufage étrange, fut un grand nombre de fiècles, avant d'être adopté par les Hiftoriens. Il y avait 806 ans qu'Athènes avait un Ere, quand on s'avifa de défigner, par le nom de l'Athlète Corœbus, la première des Olympiades.

Le dernier monument du délire de la reconnaiſſance Grecque envers les Athlètes, eſt leur apothéoſe. Quelques nuages que le ſcepticiſme ait cherché à répandre ſur ce trait, qui deshonore les Inſtituteurs des hommes, il y a trois faits, en ce genre, qu'une critique ſaine ne peut révoquer en doute; les Inſulaires de Thaſe déifièrent, après ſa mort, le Lutteur Théagène, un de leurs compatriotes (*a*); la ville d'Egeſte déféra les mêmes honneurs religieux à Philippe de Crotone, le plus bel homme de ſon ſiècle, qui avait été couronné aux Jeux Olympiques (*b*). L'anecdote la plus étrange, eſt celle d'Euthyme de Locres; je dois à la Philoſophie de rapporter ici les termes de Pline, l'Hiſtorien de cette apothéoſe.

» Euthyme, à un combat près, tou-
» jours couronné aux Jeux Olympiques,

(*a*) *Pauſan.* Eliac. lib. 2, cap. 11.
(*b*) *Herod.* lib. 5.

» se vit déférer, pendant sa vie, & lors-
» qu'il jouissait de tous ses sens, les
» honneurs divins. L'Oracle de Delphes,
» & Jupiter lui-même, le Souverain des
» Immortels, ordonnèrent cette apo-
» théose. On avait érigé, à l'Athlète,
» une statue, dans Locres sa patrie, &
» une autre à Olympie, théâtre de ses
» exploits. Ces deux monumens furent
» frappés, le même jour, de la foudre,
» ce qui parut une merveille à Callimaque
» (Président des Jeux), & valut à l'A-
» thlète un culte public, pendant sa
» vie & après sa mort ; pour moi, je ne
» vois ici d'autre merveille, sinon, que
» les Dieux ayent donné leur aveu à une
» pareille apothéose (a) «.

―――――――――――

(a) *Confecratus est vivus sentiens que, oraculi*
(*Delphici*) *jussu & jovis deorum summi astipu-*
latu, Euthymus pycta, semper Olympiæ victor,
aut semel victus. Patria ei Locri in Italiâ : ibi
imaginem ejus & Olympiæ alteram, eadem die
tactam fulmine, Callimachum ut nihil aliud
miratum video, ad eumque jussisse sacrificari :

*quod & vivo factitatum & mortuo : nihil que
adeo mirum aliud , quam hoc placuisse diis.*
Voy. *Plin.* Histor. Natur. cap. 7 , cap. 47.

DE QUELQUES ATHLÈTES CÉLÈBRES,

ET EN PARTICULIER DE MILON DE CROTONE.

Nous avons eu le courage de mettre la coignée dans cette forêt d'erreurs & de fables, qui couvre la Grèce dans son âge primitif, mais nous ne tarderons pas à nous appercevoir, que ces arbres antiques, tout mutilés qu'ils font, ont quelquefois pouffé des racines jufques dans le beau siècle d'Alexandre.

Nicodore (*a*). — Cet Athlète ne fit point de merveilles ; mais son nom n'en est pas moins digne de paffer à la poftérité. Ivre de gloire, & entraîné par le préjugé de son siècle, qui la mettait prefque toute

____

(*a*) Ælian. Var. Hiftor. lib. 2, cap. 23.

entière dans la gymnastique, il obtint,
d'abord, un grand nombre de couronnes,
au combat du ceste & du pugilat; mais
quand sa raison, mûrie par l'âge, lui eut
démontré le néant de cette gloire Athlétique, il abandonna l'arène d'Olympie
& les Gymnases, pour étudier les hommes,
leurs mœurs & leurs législations. Ses travaux eurent un succès qui surpassa son
attente ; car Mantinée, voyant que la
vigueur physique de ce Lutteur avait passé
jusqu'à son intelligence, le choisit, pour
lui dresser un code de loix ; on croit que
le Sophiste Diagoras, servit Nicodore dans
la rédaction de ce code ; mais il est probable que ce fameux impie n'y répandit
aucun germe d'athéisme, car aucun édifice
social ne peut avoir de base, sans l'intervention de Dieu, & le dogme de l'immortalité

POLYMNESTOR (*a*). Polymnestor était

______

(*a*) *Solin Polyh.* cap. 1; *Plin.* Histor. Natur.
lib. 7, cap. 20 ; *Antholog.* lib. 1.

un simple berger de Milet, dont la vîtesse tenait du prodige. Les Anciens disent (& notre vénération pour eux, ne doit pas aller jusqu'à les croire) qu'il forçait un lièvre à la courfe. Son maître le mena au plus célèbre des Jeux de la Grèce, & il y remporta le prix, en la quarante-fixième Olympiade.

Pline, pour affaiblir l'incrédulité des Philofophes, fur le phénomène des courfes Grecques, cite Philonide, le Coureur d'Alexandre, qui allait, en neuf heures, de Sicyone à Élis; le trajet eft de douze cents ftades vulgaires (environ vingt-fept de nos lieues aftronomiques) ; mais les prodiges ne fe juftifient pas par d'autres prodiges.

Quand on fe rend l'Hiftorien des faits qui contredifent la raifon humaine, il faudrait du moins, pour ne point en impofer aux fiècles, ne citer que des Poètes pour fes autorités; ainfi, lorfque dans la lifte des Coureurs célèbres de l'antiquité, on trouve le nom d'Arias en regard avec celui de Polymneftor, il fuffit de favoir qu'Arias n'eft connu que par une épigramme de l'Anthologie, où l'on dit que cet Athlète, *plus rapide que Per-fée, monté fur le Pégafe, ne fe faifait voir aux Grecs, que dans deux points du ftade qu'il parcourait, à la borne & à la barrière.*

Théagène. (a). — Cet Athlète était fils de Timofthène, Prêtre de Thafe. On prétendit, dans le tems, qu'il était né d'Hercule; le Dieu, dans ce récit, fé-duifit la femme de Timofthène, & pre-nant la figure du Prêtre, joua auprès d'elle le rôle d'Amphytrion. Toute cette hiftoire eft fondée fur quelqu'intrigue amoureufe, qui aboutit à une naiffance illégitime; on ne put fauver l'honneur du Prêtre, qu'en lui donnant un Dieu pour rival.

Dans nos climats, on vante la beauté

(a) *Paufan.* Eliac. lib. 2, cap. 11.

dès enfans de l'amour ; dans l'ancienne Grèce, on ne parlait que de leur force. Théagène, à l'âge de neuf ans, passant dans une place publique, & voyant, dit-on, une petite statue de bronze qui était à son gré, la chargea sur son épaule, & l'emporta. Cette statue, malheureusement, était celle d'un Dieu ; des fanatiques, irrités d'un pareil sacrilége, voulurent massacrer le jeune brigand, & ce fut, avec beaucoup de peine, qu'un Philosophe l'arracha de leurs mains. Cependant, Théagène fut condamné à rendre la statue ; il la chargea de nouveau sur son épaule, & la reporta sur sa base. Ce trait acheva de convaincre les incrédules, que le bâtard du Prêtre de Thase, était fils d'Hercule.

Théagène, devenu grand, disputa les prix aux quatre grands Jeux de la Grèce, & par-tout il fut vainqueur. Pausanias, qui se permet de parler de cet Athlète, comme si c'était un Persée ou un Bellérophon, dit, dans sa langue hyperbolique, qu'il remporta jufqu'à quatorze cents couronnes.

Après la mort de Théagène, un des Lutteurs qu'il avait vaincus aux Jeux Olympiques, dans le délire de fa vengeance, s'avifa de venir, la nuit, frapper de verges la ftatue de ce héros, & comme elle était mal affermie fur fa bafe, elle tomba fur lui, & l'écrafa. Les enfans du mort, en vertu des loix terribles de Dracon, fur l'homicide, citèrent, en juftice, la ftatue de Théagène, qui, après un jugement authentique, fut condamnée à être jettée dans la mer. A peine l'arrêt des Magiftrats de Thafe avait-il été exécuté, que la ville fe vit en proie aux horreurs de la famine; on confulta l'Oracle, qui ne trouva d'autre remède, pour faire ceffer le fléau, que d'appaifer les mânes de Théagène; un hafard fingulier, amena, vers ce tems-là, dans des filets de Pêcheur, la ftatue homicide; & un autre hafard, non moins heureux, ayant fait ceffer la famine, le peuple de Thafe, par reconnaiffance pour fon Athlète, fit fon apothéofe.

POLYDAMAS (a). — Cet Athlète de Theffalie, avait une taille coloffale, ce qui lui donnait encore plus de rapport avec les héros de la Grèce primitive. Sa vie eft un tiffu de merveilles ; on prétend qu'un jour il tua, fur le mont Olympe, fans avoir d'autres armes que celles de la nature, un lion monftrueux qui y exerçait fes ravages. Il donna, quelque-tems après, une autre preuve, non moins étonnante, de fa vigueur. Se trouvant au milieu d'un troupeau, il choifit le taureau le plus indompté, le faifit par un de fes pieds de derrière, & le retint fi bien, que l'animal, malgré fes fecouffes impétueufes, ne put s'échapper, qu'en laiffant la corne de fon pied entre les mains de l'Athlète.

Darius Nothus, inftruit de tous ces prodiges, eut la curiofité de voir le rival

______

(a) *Paufan.* Eliac. lib. 1, cap. 5.

d'Hercule. Polydamas vint à Suze, défia les plus braves guerriers de la cohorte *des Immortels*, se battit seul contre trois d'entr'eux, & les étendit morts à ses pieds. Ce trait rendit moins problématiques, l'histoire du taureau indompté, & celle du lion du mont Olympe.

On se doute bien que Polydamas n'eut qu'à se présenter dans les Jeux, pour y remporter des couronnes. Sa renommée engagea le fameux Lysippe à faire sa statue. Cet Artiste représenta, en bas-relief, sur le piedestal, une partie des exploits de son héros, & consacra, dans une inscription, la mémoire de ceux qui avaient échappé à son ciseau. Cette statue était colossale.

La fin de Polydamas fut aussi merveilleuse que sa vie. Ce héros était entré dans une grotte, pour y respirer un air plus frais ; à peine était-il assis, que le rocher qui formait la voûte, parut s'entr'ouvrir ; les amis de Polydamas, épouvantés, prennent la fuite ; pour lui, qu'aucun danger n'effraye, il étend fes bras nerveux, pour foutenir un des rocs qui fe détache; mais le fiècle des Encelades était paffé, la montagne s'écroula, & enfevelit l'Athlète préfomptueux fous fes décombres.

MILON (a). — La vie de ce Lutteur de Crotone, forme, dans l'hiftoire de la gymnaftique, ce que j'appelle le dernier filon de la mine des merveilles. Ses nombreux triomphes aux quatre grands Jeux de la Grèce, femble la moindre partie de fa gloire Athlétique. On cite de fa force, des traits qui ne femblent poffibles, qu'à ceux dont l'imagination exaltée, fe berce des fables Grecques fur Hercule, & de nos romans fur la Chevalerie.

Milon portait, dit-on, fur fes épaules, fa propre ftatue, faite de bronze. Ce

____

(a) *Diod. Sicul.* lib. 2, 11 & 12; *Paufan. Eliac.* lib. 2, cap. 14; *Elian.* Var. Hiftor. lib. 2, cap. 24, & lib. 12 cap. 22.

monument était de la même hauteur que le héros qu'il repréſentait ; ainſi, ce trait de force eſt bien ſupérieur au fameux larcin de Théagène.

L'Athlète de Crotone poſait le pied ſur un diſque qu'on avait huilé, pour le rendre plus gliſſant, & quelqu'effort qu'on fît, il était impoſſible d'ébranler ſon corps, qui ſemblait avoir pris l'immobilité d'un rocher.

Il s'entourait la tête d'une corde qui lui ſervait de diadême ; enſuite il s'ôtait la liberté de reſpirer. Dans cet état de contraction, le ſang ſe portait à la tête, enflait les veines du front, & la corde ſe rompait. Ce jeu, ſouvent répété, ne devint jamais plus funeſte au héros de Crotone.

Après tous ces prodiges, les Hiſtoriens de Milon, pouvaient ſe diſpenſer de parler de la grenade qu'il tenait dans ſa main, ſans en écraſer le fruit, malgré les efforts réunis de pluſieurs Athlètes, qui cherchaient à la lui arracher. Il n'y avait, dit-on, qu'une feule perfonne dans la Grèce, qui pût, dans cette occafion, entr'ouvrir la main du héros; c'était fa maitreffe. Ce qui n'eft rien moins qu'une merveille.

Milon ne trouva un rival digne de lui, que dans le berger Titorme, efpèce de géant qui habitait l'Etolie. Il y avait, fur le bord d'un fleuve, un rocher que l'Athlète ne put rouler qu'en épuifant toute fa vigueur. Le berger l'éleva d'abord jufqu'à la hauteur de fes genoux, enfuite le chargea fur fes épaules, & finit par le porter l'efpace de huit pas; non content de ce triomphe, il faifit, de chacune de fes mains, un taureau fauvage, & quelques efforts que fiffent ces deux animaux terribles pour s'échapper, ils n'y réuffirent que quand l'Athlète les abandonna luimême à leur impétuofité naturelle. Milon fe confola d'avoir rencontré un maître, en difant *que la terre poffédait, en Titorme, un fecond Hercule.*

Nous avons vu, dans l'hiftoire de

Sybaris, comment Milon sut rendre sa bravoure utile à sa patrie. Crotone le fit son Général d'armée dans sa guerre contre Sybaris ; alors les petites villes qui ne jouaient aucun rôle en Europe, levaient des armées de trois cents mille hommes. Sybaris, quoiqu'habitée par un peuple de femmes, sortit de ses remparts avec ce nombre effroyable de guerriers. Crotone ne lui en opposa que cent mille ; mais Milon qui les commandait, valait seul toute une armée. Cet Athlète parut sur le champ de bataille, orné des six couronnes qu'il avait gagnées aux Jeux Olympiques, couvert comme Hercule d'une peau de lion, & agitant, ainsi que lui, une énorme massue. A en croire Diodore, il renversa, par la seule force de son corps, un bataillon qu'on lui avait opposé, ce qui détermina la victoire. Cet exploit était au-dessus de ceux de Titorme ; mais un Lecteur Philosophe aimerait mieux le rencontrer dans un chant de l'Iliade, que dans l'Histoire des Hommes.

La mort de Milon rentre un peu dans l'ordre naturel. Cet Athlète n'était plus dans la force de l'âge ; un jour qu'il parcourait une forêt non éloignée de Crotone, il apperçut un vieux chêne, dont on avait fendu le tronc en deux avec des coins ; fe rappellant alors le tems où il renverfait feul un bataillon de Sybarites, il voulut, fans le fecours d'aucun inftrument, achever de partager l'arbre en deux ; mais à peine fes mains eurent-elles pénétré dans l'ouverture, que les coins tombèrent ; alors les deux parties du tronc mutilé, cédant à leur reffort naturel, fe rejoignirent, & Milon, fans défenfe, fut bientôt entouré des bêtes féroces qui le dévorèrent.

Hâtons - nous de quitter ce monde enchanté, qui ne tient que par la chronologie au fiècle d'Alexandre.

HISTOIRE

DE

SOCRATE.

COMMENCEMENS DE CE PHILOSOPHE (a).

Depuis que la Grèce a abandonné la Gymnastique Militaire, pour s'occuper de

---

(*a*) Nos autorités, pour la vie entière de Socrate, sont *Thucyd.* Histor. Passim; *Xenoph.* de reb. Mirabil. & Apolog. Socrat.; *Plat.* in Crit. in Phed. & in Apol. Socr.; *Diog. Laërt.* in Socrat.; *Elian*, Var. Histor. lib. 4, cap. 13, & lib. 8, cap. 1; il est important de ne point morceler, par des citations de détail, une vie aussi importante que celle de Socrate, à moins qu'il ne s'agisse de faits problématiques, sur lesquels notre délicatesse demande que le Public soit mis à portée de prononcer.

la Gymnaſtique de Spectacle, Athènes a pris part à la révolution ; déja elle preſſent ce beau ſiècle d'Alexandre, qui, bien plus que ſes victoires de Platée & de Marathon, doit la rendre recommandable aux générations à naître. Elle ne ſuſpend plus aux voûtes de ſes temples, les drapeaux ſanglans des barbares, mais elle les décore des chef-d'œuvres d'Apelle & de Phidias ; on ne voit plus ſes héros ſur les champs de bataille ; mais Homère les chante dans l'Epopée, Sophocle les fait parler ſur le théâtre, le ciſeau des Artiſtes les fait reſpirer en marbre ou en airain dans les places publiques. Ce grand changement qui s'eſt opéré dans les eſprits, eſt dû, en grande partie, à une philoſophie ſage, qui a éclairé le globe ſur les vrais principes du pacte ſocial, ſur le néant d'une gloire deſtructive, ſur le prix du ſang des hommes ; & le héros de cette philoſophie bienfaiſante, eſt l'immortel Socrate.

Socrate, dans les préjugés de nos

Monarchies modernes, n'eut point d'ancêtres; fa famille vertueufe, mais obfcure, s'occupait, de père en fils, du méchanifme de la fculpture. On appellait fon père Sophronifque, & fa mère Phénarète. Cette dernière, hors d'état d'élever fon fils, avec le produit d'un attelier ignoré, fe fit fage-femme.

Socrate, parvenu, dans la fuite, aux Magiftratures de fa patrie, rougit fi peu d'une pareille généalogie, que dans fes entretiens académiques avec les principaux de la nobleffe d'Athènes, il prenait plaifir à tirer fes comparaifons des deux métiers de Sophronifque & de Phénarète : tantôt il fe difait chargé, par fon génie, de *vivifier de froides ftatues* : tantôt il bornait tout fon talent, auprès de fes profélytes, à *être la fage-femme de leurs penfées*. Il y avait bien de la philofophie à tirer ainfi vanité de n'avoir eu qu'un lot défavantageux dans ce jeu de hafard, qu'on appelle la naiffance.

Sophronifque donna fon talent à fon

fils, & il est probable que le jeune Philosophe y acquit quelque célébrité : car on voyait, dans la citadelle d'Athènes, une statue de Mercure, & un grouppe des Graces, qui étaient son ouvrage : comme Socrate vivait dans le beau siècle de Périclès, il est difficile de croire qu'Athènes, le centre du bon goût, eût admis, dans ses édifices publics, les essais informes d'un Artiste sans génie, parmi les chef-d'œuvres des Phidias & des Praxitèles.

Ce fut Criton qui pressentit le premier le bien que la raison profonde de Socrate devait faire au monde. Le hasard ayant conduit ce riche Athénien dans son attelier, il fut frappé de ses vues nouvelles sur le progrès des arts, & jugeant qu'une plume était plus faite qu'un ciseau pour occuper son génie, il le retira dans sa maison, & lui confia l'éducation de ses enfans. Ce Criton n'était point un Mécène vulgaire : il cultivait les arts, & ne les protégeait pas. L'Antiquité cite de lui des Effais de Morale très-eftimés, en dix-fept dialogues (*a*).

L'emploi pénible & délicat de faire des hommes n'était point, dans les mœurs Grecques, un état aviliffant. Socrate, Inftituteur des enfans de Criton, devint l'ami intime foit de fon Mécène, foit de fes Elèves; il profita de fon crédit pour exercer la bienfaifance à fa manière. Phédon, qui devint, dans la fuite, un des plus ardens propagateurs de la faine philofophie, était alors efclave, & proftituait fon génie aux caprices d'un maître; Socrate engagea Criton à le racheter, & de ce moment Athènes compta, dans fes remparts, un Sage de plus.

Socrate réuffit dans l'éducation dont il s'était chargé, parce qu'il étudia la nature du terrein dont on lui donnait la culture, avant d'y répandre les germes qui devaient le féconder. Son grand principe était de ne point épuifer les fucs géné-

____

(*a*) *Diog. Laërt.* in Criton.

rateurs d'une terre vierge, & quand on lui demandait quel était l'enfant dont l'éducation était la plus parfaite, il répondait, *celui qui n'embraffe rien de trop.*

Socrate profita du loifir que lui laiffait l'amitié de Criton, pour parcourir lui-même le cercle entier des connaiffances humaines. Les arts agréables furent les premiers qui fourirent à fon imagination encore dans fa fleur : ainfi il fut Poëte & Orateur avant de devenir Philofophe.

Les charmes de la Poéfie n'arrêtèrent qu'un moment ce beau génie : il fentit bientôt que le tems qu'il employait à compaffer des mots, était perdu pour l'art bien plus utile d'enchaîner des idées. Cependant, il fe forma affez le goût pour donner, au befoin, à Euripide, des confeils dans la contexture de fes pièces : les Anciens ont même écrit qu'il avait travaillé à quelques-unes de fes tragédies.

C'eft Socrate, fans doute, qui engagea ce rival de Sophocle à mettre un but moral dans fes ouvrages dramatiques, afin que

le théâtre d'Athènes pût devenir, en tout
sens, un spectacle national, & que les
leçons du génie ne fuſſent pas perdues
pour la vertu.

Cependant Euripide, quelquefois, ſe
laiſſant aller au torrent du mauvais goût,
ſe permettait des vers déclamateurs ſur
les objets les plus reſpectables. Socrate,
ami du Poète, mais encore plus des mœurs
publiques, ne pouvait contenir alors ſa
juſte indignation. Un jour que l'acteur,
dans une tragédie, qui heureuſement
n'eſt point parvenue juſqu'à nous, diſait
avec emphaſe :

Qu'il eſt bon, en péril, d'abdiquer la vertu.

le Philoſophe ſe leva, & ſortit du ſpectacle (*a*).

On ſait que le grand Corneille a flétri
d'un vers non moins odieux ſa tragédie
de Sertorius :

L'honneur & la vertu ſont des noms ridicules.

______

(*a*) *Diog. Laërt. in Socrate.*

mais perfonne ne fe leva à la première repréfentation. Montaufier, qui était, à quelques égards, le Socrate du fiècle de Louis XIV, n'avait pas le goût auffi épuré que les mœurs; il confondait quelquefois le fublime avec le blafphême.

Socrate, initié, autant qu'il en avait befoin, dans les myftères de la poéfie, voulut l'être dans ceux de l'éloquence. Il vint à l'école d'Afpafie, qui, à cette époque, avait quitté le rôle de courtifanne pour devenir homme, & ce qui eft encore plus étonnant, un grand homme. La Miléfienne, comme nous l'avons déja fait entendre dans fa vie, apprit au Philofophe à mettre dans fa morale cette fleur d'urbanité, qui feule la fait valoir chez des peuples à-la-fois polis & corrompus. Afpafie, de fon côté, goûta la méthode ingénieufe du Sage de tirer, dans un dialogue adroit, la vérité, du fond du cœur de la perfonne qui veut s'inftruire, & de fe faire la fage-femme de fes penfées. Il eft probable même qu'elle s'en fervit plus d'une fois pour gouverner Périclès, qui gouvernait fa République.

Socrate, confeil d'Euripide en poéfie, élève d'Afpafie en éloquence, n'était encore rien pour la poftérité; c'eft à la Philofophie qu'il doit le grand nom qu'il a laiffé dans tous les âges; & voilà le vrai point de vue fous lequel l'Hiftoire doit l'envifager.

Cette partie problématique de la Phyfique, qui traite de l'effence des êtres, fut le premier objet des études philofophiques de Socrate. Le Sage ne tarda pas à s'appercevoir que les fophiftes n'avaient, à cet égard, que des doutes à lui propofer, & il ne proftitua point fon génie à deviner des énigmes.

Socrate quitta les ténèbres de l'Ontologie, pour fe livrer à la contemplation de la Nature : malheureufement la Phyfique des Grecs était alors à fon berceau. L'Efprit obfervateur n'avait raffemblé que peu de faits, & la Raifon n'avait pas eu le tems de les mûrir. La Nature, à l'ouverture du siècle de Périclès, semblait une forêt immense, partagée par mille petits sentiers qui communiquaient entr'eux, pour perpétuer l'égarement du voyageur : les grandes routes ne commencèrent à y être percées que quatre générations après, par Aristote.

Anaxagore était le plus instruit de tous les Physiciens que Socrate prit pour maîtres. Cependant sa doctrine, sur les phénomènes de la Nature, n'était, en général, qu'un tissu des vieilles erreurs populaires ; il croyait le globe de la terre immobile, & enseignait que le soleil n'est qu'une masse de feu de la grosseur du Péloponèse.

Enfin Socrate, revenu de ses projets d'érudition frivole, & persuadé que le citoyen, pour payer sa dette envers la patrie, doit plutôt chercher ce qu'il doit faire, que ce qu'il doit croire, se livra à la morale. Il abandonna les sophistes, ferma les livres, & chercha, dans son cœur, l'original du double contrat qui lie l'homme à Dieu & à ses semblables.

» Ce Sage, dit un des Héros de Rome » République, fut le premier qui ima- » gina de faire descendre la Philosophie » du ciel, de lui ouvrir les portes des » villes, & de l'introduire jusques dans » les maisons des simples citoyens, la » mettant ainsi à la portée de la multi- » tude, & l'arrachant du sein des contem- » plations oiseuses, pour l'occuper de la » science des mœurs & de la vertu (a) «.

Socrate, propagateur de la morale la plus pure, Socrate, embrassant tous les hommes dans sa bienveillance, Socrate, n'usant de son génie que pour faire aimer la vertu, présente le plus beau spectacle dont la raison perfectionnée puisse s'oc-

______

(a) *Socrates primus Philosophiam devocavit è cœlo & in urbibus collocavit, & in domos etiam introduxit, & coëgit de vita & moribus, rebusque bonis & malis quærere.* Voy. *Cicer.* in Tuscul. lib. 5.

cuper. Deſſinons rapidement toutes les
parties de ce magnifique tableau, & puiſque le plus grand des hommes a trouvé
des ennemis juſques dans nos âges modernes, employons, à juſtifier ſa mémoire, quelques lignes de cet Ouvrage,
que ſon nom, peut-être, ſauvera de
l'oubli. Au reſte, la défenſe de Socrate
ſera toute entière dans l'expoſition des
faits. Il n'en faut pas d'autre, quand on
vit dans un ſiècle de lumières, & qu'on
parle d'un grand homme.

L'ORACLE DE DELPHES,

DÉCLARE SOCRATE LE PLUS

SAGE DES HOMMES.

IL y avait déja long-tems que les Oracles avaient perdu leur antique renommée. Celui de Delphes, qui, dans les fiècles primitifs, avait fait tant de fois la deftinée des Monarchies, réduit, par l'introduction des lumières, à un filence prefqu'abfolu, s'agitait obfcurément dans la pouffière de fon fanctuaire : enfin, l'ambition des Prêtres d'Apollon s'éclaira fur fes vrais intérêts ; la Pythie, au lieu de mentir au Ciel & à la Terre, en lifant l'avenir fur fon trépied, s'occupa quelquefois à prévenir les guerres du Péloponèfe, à indiquer aux Grecs leurs Sages, ou leurs bons Légiflateurs. La Tolérance

même fe montrait de tems en tems autour de ces autels, tant de fois arrofés de
fang humain. On, fe rappelle le mot
admirable de la Prêtreffe Théano, quand
les Magiftrats fanatiques d'Athènes voulurent la forcer de maudire la mémoire
d'Alcibiade : *Les Dieux m'ont fait leur
Miniftre, pour bénir les hommes, & non
pour les maudire.* Un mot pareil ne pouvait fortir de la bouche d'une Pythie,
qu'au fiècle de Socrate.

La fameufe réponfe fur le grand homme
dont nous écrivons la vie, eft une de celles
qui a le plus réconcilié la Raifon avec les
Oracles. Chéréphon, nouveau profélyte
de la Philofophie, fe trouvant à Delphes,
interrogea Apollon, pour favoir quel était
le plus fage des hommes, & la Pythie,
fans monter fur fon trépied, fans attendre
l'infpiration célefte, au milieu des convul-
fions, répondit auffi-tôt que c'était Socrate.

Il faut voir, dans la harangue que ce
grand homme prononça devant les fanatiques qui le condamnèrent à la mort,

harangue que Platon nous a conservée, comment il justifia le sens de cet Oracle, qu'il n'avait point sollicité. Voici ses propres paroles : elles perdraient de leur prix, même dans l'analyse (*a*).

» Instruit de la réponse d'Apollon, je
» repliai mon ame sur elle-même, pour
» deviner cette grande énigme ; car d'un
» côté la Divinité ne peut mentir, & de
» l'autre, je sens très-bien que la sagesse
» par excellence, dont parle l'Oracle, n'est
» point mon partage. Il y avait donc un
» sens caché sous ces paroles mystérieuses,
» & j'employai toute ma faible intelli-
» gence à le chercher.

» Il y avait, dans Athènes, un homme
» d'Etat, initié dans les mystères de la
» politique, dont on proposait la raison
» profonde pour modèle : je me rendis
» dans sa maison, dans l'intention d'é-
» prouver la véracité de l'Oracle. Mon
» entretien avec lui commença à me

______

(*a*) *Plat.* Apolog. Socrat.

» donner des lumières ; je vis que ce
» prétendu Solon, qu'on croyait le plus
» fage des hommes, & qui fe repaîffait
» lui - même de cette illufion, n'avait
» aucun mérite qui pût juftifier fa renom-
» mée ; je voulus déchirer fon bandeau ;
» mais une vérité fi cruelle l'offenfa, &
» il devint mon ennemi pour jamais.

» De retour chez moi, je réfléchis
» fur cette entrevue : cet homme, me
» dis-je à moi-même, pourrait bien être
» auffi ignorant que moi, fur ce qui conf-
» titue le jufte & le beau ; mais il y a
» cette différence entre nous deux, que
» lui, qui ne fait rien, croit tout favoir,
» tandis que moi, qui ne fais rien, j'en
» fais l'aveu avec franchife. Ce contrafte
» me donne quelqu'avantage fur l'homme
» d'Etat, & je ne dois pas me preffer d'ac-
» cufer l'Oracle d'impofture.

» Je répétai mon expérience fur d'au-
» tres chefs de la République, & je trou-
» vai par-tout les mêmes réfultats.

» Après avoir cherché ainfi vainement

» la fageffe chez les hommes d'Etat, je
» defcendis chez les Poètes, & fur-tout
» chez les faifeurs de dithyrambes. Je
» les interrogeai fur le but & le plan de
» ceux de leurs ouvrages qui me fem-
» blaient le plus travaillés : j'ai honte
» de le dire, Athéniens; mais il n'y avait
» aucun des ignorans qui affiftaient à mon
» expérience, qui ne fût plus en état que
» l'auteur lui-même, de fatisfaire à ma
» curiofité. Je reconnus alors que la fa-
» geffe ne guide point le Poète dans fes
» travaux, c'eft fon imagination exaltée
» qui le maîtrife : il reffemble à nos
» Prophêtes, qui, dans leur enthoufiafme,
» difent de belles chofes qu'ils ne font
» pas à portée d'entendre.

　» Je terminai ma carrière d'épreuves
» par les Artiftes ; je defcendis dans
» leurs atteliers, perfuadé qu'ils connaif-
» faient toutes les fineffes de l'art auxquels
» ils devaient leur renommée, & je ne
» me trompai point ; mais non moins
» préfomptueux que les Poètes & les

» hommes d'Etat, ils croyaient posséder
» encore la science universelle, & cette
» erreur absurde leur ôtait tout le mérite
» de leur capacité.

    » De retour chez moi, & dans le
» silence de tout préjugé, je me demandai
» lequel était le plus sage, ou d'avoir
» l'habileté de tous les hommes que j'a-
» vais consultés, avec leur ignorance, ou
» de n'avoir ni l'une, ni l'autre : tout
» mûrement pesé, j'aimai mieux être
» moi-même, & l'Oracle fut justifié.

    » Cependant, mes expériences firent du
» bruit, & d'elles naquirent ces haines
» capitales & ces calomnies absurdes qui
» ont tourmenté ma vie, & qui m'ex-
» posent aujourd'hui à la voir terminer,
» avant le terme indiqué par la Nature.

    » Au reste, ma sagesse, Athéniens,
» ne mérite point que je m'en énorgueil-
» lisse; car je suis loin de savoir toutes
» les choses sur lesquelles je démontre
» l'ignorance des sophistes. Il n'y a de
» sage que l'Etre suprême, & quand

» l'Oracle m'en a donné le nom, il n'a
» voulu, sans doute, que prouver le néant
» de la raison humaine. Le témoignage
» qu'il m'a rendu, est une espèce d'apo-
» logue dont voici le sens : *Hommes,*
» *le plus sage de vous est celui qui, comme*
» *Socrate, sait qu'il ne sait rien* «.

DU GÉNIE FAMILIER

DE

SOCRATE.

Socrate reconnu, par l'Oracle, le plus sage des hommes, en devait être le plus modeste, s'il voulait défarmer l'Envie. Auffi, pour éloigner l'idée d'une fupériorité offenfante pour fes concitoyens, il faifait honneur, du fuccès de fa prévoyance, à une efpèce d'inftinct qui ne le quittait point, & dont il ne pouvait expliquer la nature. C'eft cet inftinct que l'Antiquité a défigné fous le nom du *Démon*, ou du *Génie familier* de Socrate.

Obfervons que Socrate n'a jamais dit qu'il eût un génie à fes ordres; il abandonnait, aux Prêtres d'Athènes & aux

Décorateurs de ſes théâtres, tous les preſtiges de la magie : trop éclairé pour croire qu'un être borné pût commander à la Nature, & trop ami des hommes pour les tromper, en s'attribuant un pouvoir auquel il ne croyait pas.

Au reſte, ce grand homme était fort embarraſſé à caractériſer lui-même ce génie familier; car il cherchait à éloigner d'un côté l'idée de prodiges, & de l'autre, celle d'une ſupériorité de lumières : on voit cette perplexité dans le *Theagès*, dans le *Timée* & dans les autres dialogues où Platon fait parler ſon Maître : tantôt c'eſt une voix ſecrette, tantôt un ſigne intérieur, quelquefois une ſorte d'inſpiration, où il n'y a cependant rien de ſurnaturel. — Plaignons le ſiècle de Socrate, de ce que la Raiſon était obligée de balbutier, quand elle paſſait par l'organe d'un Philoſophe.

Le génie de Socrate s'exerçait particulièrement ſur les probabilités de l'avenir; mais il eſt aiſé de voir, par le petit nombre de faits de ce genre, qui nous ont été tranfmis par les Anciens (*a*), que Socrate, à l'exemple des Pythies, ne prétendait point au pouvoir des Prophêtes. Il eft important de ne point effleurer ce point de critique, parce qu'il ne reftera alors aucun nuage, fur la gloire que ce Sage a eue de donner aux hommes une morale pure, fans l'intervention des Oracles ; gloire qu'il partage avec Confucius & Marc-Aurèle.

A la journée de Délie, où les Athéniens furent mis en déroute, Socrate, qui fe retirait avec Lachès & Alcibiade, leur dit qu'il avait un preffentiment fecret, du danger qu'allaient fubir les troupes fugitives qui fuivaient une autre route ; en effet, la cavalerie ennemie tomba

____

(*a*) *Cicer.* de divinatione, lib. 1 ; *Thucyd.* lib. 7 ; *Plat.* in Theag. ; *Elian*, Hiftor. Diverf. lib. 8, & *Plutarch.* in Demon. Socrat.

ſur ces bataillons épars, & en fit un grand carnage, tandis que le Sage & ſes deux amis revinrent, ſans rencontre ſiniſtre, dans Athènes. — Il eſt évident que Socrate n'eſt ici ſupérieur à ſes concitoyens, que parce qu'il a plus de ſang-froid, & qu'il a mieux obſervé le champ de bataille.

La prédiction de Socrate ſur le mauvais ſuccès de l'armement deſtiné à la conquête de la Sicile, tient encore plus à l'art très-naturel de calculer les probabilités ; il ſuffiſait, pour rencontrer juſte dans de pareilles conjectures, de réfléchir un moment ſur la force de Syracuſe & ſur la préſomption d'Alcibiade.

Charmide veut aller aux jeux Néméens, pour y diſputer le prix de la courſe. Socrate l'en diſſuade, & lui prédit qu'il ne triomphera pas, ce qui arriva en effet. Il était aiſé de voir, par l'aſſiduité de cet Athénien à s'inſtruire dans les connaiſ-ſances humaines, qu'il réuſſirait mal dans les jeux fatiguans du Gymnaſe : les Athlètes tre fe prenaient pas d'ordinaire dans la claffe des Philofophes.

Le trait de Timarque paraît, au premier coup-d'œil, un peu plus étrange. Cet homme s'était affocié avec Philémon, pour affafiiner un ennemi commun, & la trame avait été ourdie avec tant d'adreffe, qu'elle avait échappé à la vigilance, foit du malheureux qu'on dévouait à la mort, foit du Gouvernement. Le foir même où le crime devait fe commettre, Socrate fe rencontre à fouper avec Timarque. Comme le repas fe prolongeait dans la nuit, le fcélérat, qui avait donné parole à fon complice, fe lève tout-à-coup, & prie les convives de l'excufer, s'il s'abfente un moment. Socrate, qui ne favait cependant rien d'un projet auffi finiftre, arrête Timarque, & lui parle d'une manière fi perfuafive, qu'il le force à fe remettre à fa place. Celui-ci, peu de tems après, fe lève de nouveau, & le Philofophe le diffuade encore de fortir : enfin Timarque trompe les regards de Socrate, se dérobe sans en être apperçu, & va chercher sa victime. Mais le moment propice n'était plus. Le complot manqua, & les assassins, éclairés par les satellites de la Justice, furent condamnés au supplice. Timarque, en montant sur l'échaffaut, ne dit que ce mot : *Ah, si j'en avais cru le génie de Socrate !*

Avec quelqu'enthousiasme que les Grecs, amis du merveilleux, aient parlé de cette anecdote, elle n'offre rien à une raison exercée, qui ne soit dans l'ordre naturel des effets & des causes. Timarque en était à son premier crime, & peu maître de lui-même, à son approche, le trouble de son visage trahit sans doute celui de son ame : Socrate, qu'on nous annonce comme un homme consommé dans l'art de tirer des pronostics des physionomies, soupçonna qu'un homme qui se levait de table, contre les usages reçus, & portant sur son front toute l'inquiétude du remord, pouvait aller troubler l'ordre de la société, & quoiqu'il n'eût que des idées vagues fur ce fujet, l'évènement juftifia fon preffentiment; mais ce grand homme, ici, n'eft que Philofophe, & il n'y a que l'ignorant qui ait droit d'en faire un Prophête.

Au refte, tous les hommes les plus éclairés de l'antiquité s'accordent à faire honneur au jugement de Socrate, des conjectures heureufes dont le vulgaire faifait honneur à fa baguette : Platon le dit manifeftement dans fes dialogues, Xénophon dans ce qu'il a raffemblé des difcours mémorables de ce grand homme; Plutarque même, à qui nous devons un ouvrage particulier fur le génie familier de Socrate, malgré fa pente à adopter tout ce qu'il rencontre de merveilleux dans la vie de fes héros, pouvant peindre celui-ci comme un nouveau Solon, ne s'avife pas d'en faire un fecond Tiréfias (a).

(a) L'ouvrage où Plutarque crayonne ainfi le Sage d'Athènes, a pour titre : *Du Démon familier*

Les Oracles mêmes, quelquefois, parlèrent, à cet égard, le langage des Sages :

---

de Socrate. Le Philofophe de Chéronée (ainfi
que Montagne dans fon chapitre *des bottes*),
y parle de tout, excepté de fon objet : enfin,
à propos de la confpiration de Pélopidas, il fe
rappelle Socrate & fon Démon ; & voici fon
texte, que je tranfcris avec toute la franchife
du fiècle d'Amyot, pour ne rien faire perdre
à l'anecdote de fa précieufe naïveté.

» Un jour que j'allais chez le devin Euty-
» phron, Socrate montait.... vers la maifon
» d'Andocydes, interrogeant par le chemin
» toujours, & haraffant de queftions Euty-
» phron, par manière de jeu ; & lors, il s'arrêta
» tout foudain, s'appuya, demeurant attentif
» un affez long-tems, puis s'en retournant tout
» court, s'en alla par la rue des faifeurs de
» Coffres, & fit rappeller ceux de fes familiers
» qui étaient devant, parce que fon Efprit lui
» défendait d'aller par là. Si il y en eut la
» plûpart qui retournèrent, quant & lui, entre
» lefquels j'en fus un, fuivant toujours Euty-
» phron ; mais quelques autres jeunes hommes
» voulurent aller tout droit de propos délibéré,
» comme pour convaincre l'Efprit de Socrate,

car un difciple de Socrate s'étant avifé
de defcendre dans l'antre de Trophonius,

» & attirèrent avec eux Charilus, le joueur de
» flûte.... & ainfi, comme ils cheminaient
» devant les boutiques des Statuaires, le long
» du palais où fe tient la Juftice, ils trouvèrent,
» au-devant d'eux, un grand troupeau de pour-
» ceaux fort ferrés, tout pleins de fange &
» de vilenie, & pouffans tous en foule, par
» le grand nombre qu'ils étaient, & qu'il n'y
» avait moyen de fe détourner, ils portèrent
» aucuns de ces jeunes hommes par terre, &
» enfangèrent tous les autres. Si retourna Cha-
» rilus, au logis, les jambes & les cuiffes, &
» les habillemens pleins de boue, de forte qu'il
» nous fit bien fouvenir, avec grandes rifées,
» de l'Efprit familier de Socrate, nous émer-
» veillant comme la Divinité n'abandonnait
» jamais ce perfonnage.

» Penfes-tu donc que cet Efprit familier de
» Socrate ait été quelque propre & parti-
» culière Puiffance, & non pas une parcelle
» de la commune néceffité, qui confirmait
» cet homme, par longue expérience, à donner
» le contrepoids & le penchement, pour le faire
» incliner deçà ou delà en chofes obfcures &

pour apprendre quelle était la nature de ce génie familier qui faisait tant

---

» difficiles à conjecturer par discours de la rai-
» son ? Car tout ainsi, comme une livre par elle
» seule ne mène pas la balance, mais là où le
» poids est entre deux fers, si on l'ajoute à l'un
» ou à l'autre côté, elle tire à soi, & fait pen-
» cher le tout de ce côté-là ; aussi une voix, ou
» quelqu'autre signe petit ou léger, n'est pas
» suffisant pour attirer une grave pensée à faire
» quelque chose, mais ajouté à l'un des discours
» contraires, elle résout tout doute & toute diffi-
» culté, toute l'inégalité étant ôtée, de sorte
» qu'il se fait alors un mouvement & incli-
» nation....

» Au reste, il nous semble que les motions &
» inclinations de ce grand & excellent person-
» nage avaient une fermeté & une véhémence
» durable, à quoique ce fût qu'il se mît, comme
» celles qui procédaient d'un droit, puissant, &
» fort jugement : car il demeura volontairement
» en pauvreté toute sa vie, là où il pouvait avoir
» beaucoup de biens, s'il en eût voulu recevoir
» de ses amis, qui eussent été bien aises de lui
» en donner ; il ne s'est jamais départi de la
» philosophie, pour tant de grands empêchemens

de bruit dans Athènes, le Prêtre, qui, dans cette comédie religieuse , était caché derrière la toile , eut le courage de répondre que cet être invisible n'était que la partie supérieure de l'ame, qui ne se laisse point maîtriser par les passions. Ce n'est point là tout-à-fait la langue des Calchas, & quand on ne rencontre pas la Philosophie, qui définit tout par principe, chez les élèves de Socrate, on ne devrait guères s'attendre à la trouver dans l'antre de Trophonius.

» qu'il en eut, & finalement lui étant facile de
» s'enfuir, jamais il ne se laissa amollir ni plier
» par les prières de ses amis, ni pour la mort
» présente ; ne désista point de se jouer en paro-
» les, comme de coutume, ains eut toujours la
» raison ferme & stable au plus fort du péril.
» Cela ne sont pas actes d'homme qui se laissât
» transporter à une voix, de quelque résolution
» qu'il eût prise, ains qui était mené & conduit
» par une puissante domination à son devoir «.
Œuvres morales de Plutarque , édition de Vascosan, tome 2, pag. 645, *verso*.

DE

SOCRATE A LA GUERRE

ET

DANS LES MAGISTRATURES.

LE grand homme, quand il joint les lumières à la vertu, n'eft déplacé dans aucun des poftes que la patrie lui confie. Nous allons voir Socrate parcourir fucceffivement, & avec la même diftinction, la carrière du Guerrier & celle du Magiftrat, jufqu'à ce que, rendu à fa tranquillité philofophique, il devienne le Cenfeur tacite d'Athènes, & l'Inftituteur des hommes.

Socrate avait trente-fept ans, quand le vœu de la patrie le fit homme de guerre. C'était au commencement des troubles du Péloponèfe ; il fe rendit fous les dra-

peaux de Callias , au siége de Potidée,
&, pendant deux ans que ce siége dura,
il fit des prodiges de valeur, qui, dans le
siècle des Théfée, lui auraient valu des
statues. C'est , sur-tout , à une bataille
que l'ennemi osa livrer sous ses remparts,
que le Sage se couvrit de gloire; Alcibiade était à ses côtés , dans le plus fort
de la mêlée ; il venait tout récemment
d'arracher ce jeune héros à l'amour, pour
en faire un prosélyte de la raison, & il
aimait en lui son ouvrage ; tout à-coup
les rangs des ennemis entr'ouverts se
rallient, & le combat recommence avec
acharnement ; Alcibiade, qui s'était trop
livré à son ivresse de gloire, reçoit une blessure, & tombe de son cheval. Socrate ,
quoiqu'enveloppé de toutes parts , couvert de sang & épuisé de fatigues , s'é-
lance au-devant de son Elève , pare tous
les coups qu'on lui porte , & empêche
l'ennemi de se rendre maître de son
armure. L'armée entière fut témoin de
cet exploit , & l'envie fut tentée, un

moment, de le lui pardonner, parce qu'il n'était que Philofophe.

Après la bataille, les Généraux, ainfi que nous l'avons déja vu dans l'hiftoire de la guerre du Péloponèfe, s'affemblèrent pour décerner le prix de la valeur. Socrate & Alcibiade feuls avaient droit d'y prétendre. Mais le Philofophe, qui voulait former pour fa patrie un nouveau Thémiftocle, eut la générofité de donner lui-même fon fuffrage à fon rival. Alcibiade, couronné à la vue de toute l'armée, commença dès-lors à connaître de quel prix le citoyen achète fa renommée, & il n'oublia jamais, que fi les regards d'Athènes s'étaient fixés fur lui, dans un âge fi tendre, il le devait à la grandeur d'ame de Socrate.

L'amitié vertueufe eft un commerce de bienfaits. Socrate, qui avait fauvé à Potidée les jours d'Alcibiade, lui dut la vie à fon tour, à la journée de Délie. Cette bataille, comme l'on fait, fut gagnée par les Béotiens, qui, fortant d'une léthargie de plusieurs siècles, firent pressentir, dès-lors, la grande influence que Thèbes aurait un jour, dans la destinée du Péloponèse. Socrate, réduit à protéger, de sa bravoure, l'armée Athénienne dans sa déroute, le fit avec une distinction qui valait une victoire ; tandis que les soldats éperdus se précipitaient les uns sur les autres, lui, il ne marchait qu'au petit pas, se retournant sans cesse du côté de l'ennemi, pour le frapper, quand il le serrait de trop près. *C'était*, disent les Historiens de l'Antiquité, *un lion terrible, qui, forcé par le nombre des assaillans, à se battre en retraite, défiait encore les chasseurs, leur imprimant plus de terreur qu'il n'en recevait lui-même.*

C'est dans cette fameuse retraite que Socrate sauva la vie à Xénophon, qui, tombé de cheval, allait se voir au pouvoir des ennemis. Le Philosophe dégagea son Elève, &, s'il en faut croire Strabon (a), le voyant meurtri par sa chûte,

____

(a) *Geogr.* lib. 9.

& hors d'état de marcher, il le porta fur fes épaules l'efpace de plufieurs ftades, jufqu'à ce qu'il fût tout-à-fait hors de danger. Socrate n'était point Athlète, mais alors l'enthoufiafme de l'amitié doubla en lui les forces de la nature.

Socrate ayant expofé plufieurs fois fa vie dans les champs de bataille, ne crut pas encore avoir payé fa dette de citoyen. Au tems des difcordes civiles qui fuivirent la mort de Périclès, voyant le peuple fans frein fe jouer de la légiflation, il fe préfenta pour entrer dans le Sénat; il avait alors plus de foixante ans ; c'eft l'âge de la maturité de la raifon, pour l'homme qui n'a jamais abufé de fes organes. Le Philofophe parcourut à fon rang tous les grades de la Magiftrature ; il devint Prytane, enfuite un des dix Préfidens de fa compagnie, & enfin, Chef fupérieur du Sénat, fous le nom d'*Epiflate*. Cette dernière dignité, dont l'origine ne remontait qu'à Clifthène, un des Légiflateurs d'Athènes, après l'expulfion de la

famille

famille de Pififtrate, donnait au citoyen
qui en était revêtu, les clefs du tréfor de
l'Etat, & celles de la forterefſe; au refte,
pour ôter à l'Epiftate toute idée de tyrannie., non-feulement fon pouvoir fuprême
expirait au bout de vingt-quatre heures,
mais encore il n'avait droit d'y prétendre
qu'une feule fois dans fa vie (a). Ce frein,
donné à l'ambition des Epiftates, main-
tint l'ombre de la liberté Démocratique,
jufqu'aux conquêtes d'Alexandre.

Socrate, peu au fait des formes des
Compagnies que fa grande ame dédaignait fans doute, choqua d'abord les petites bienféances, quand il fe vit à la tête
de l'adminiftration; fes Collègues fou-
riaient, fur-tout, de dédain, quand ils
voyaient fa maladreffe à recueillir les
voix de fa Compagnie; mais le Philofophe, content de connaître à fond les
loix de fa patrie, de les expliquer avec

____

(a) *Pollux*, lib. 8; cap. 9; *Suidas* Lexicon;
Euftath. pag. 641.

fa raifon fupérieure, de forcer l'homme
puiffant qu'elles bleffaient à leur obéir,
ne fe trouvait point humilié qu'on lui
donnât un ridicule, qui feul pouvait en-
gager l'envie à lui pardonner la fupériorité de fes lumières.

La première occafion où Socrate,
homme d'Etat, déploya toute l'énergie
de fa vertu, fut le fameux procès que le
fanatifme intenta aux dix Généraux qui
avaient vaincu Lacédémone, à la journée
des Arginufes. Nous avons vu que le crime
très-involontaire de ces infortunés, con-
fiftait à n'avoir pas bravé une tempête
terrible, qui s'éleva, lorfqu'ils fe difpo-
faient à aller enlever les débris de leurs
navires fracaffés, & à donner à leurs
morts les honneurs de la fépulture. Le
peuple d'Athènes, que les Prêtres entou-
raient des terreurs de la fuperftition, fu-
rieux alors de ce qu'on n'avait pas expofé
la vie des meilleurs guerriers, pour rendre
de vains honneurs à des cadavres, caffa
les Généraux qui l'avaient fait vaincre aux

Arginufes, & les cita devant fes Tribunaux, comme coupables du crime de
lèze-patrie. Socrate parla avec vigueur,
pour empêcher fa République de fe
deshonorer aux yeux de l'Europe, en
imaginant des crimes nouveaux, afin de
les punir. Ce grand homme ne foupçon-
nait pas qu'il plaidait d'avance fa propre
caufe; il ne fut point écouté.

L'impofture facerdotale, pour échauffer
la multitude, fuborna un fanatique, qui
prétendait s'être fauvé fur un tonneau de
vivres, à la journée des Arginufes; le
fcélérat déclara, de la part des Athéniens
qui avaient fait naufrage, qu'ils avaient
péri par la faute des Généraux. La ma-
chine dramatique fit fon effet. Le peuple,
déja prévenu, alla en tumulte aux opinions, & des dix accufés, en condamna
unanimement huit à la mort. Les Magiftrats eux-mêmes, entraînés par cette
efpèce de voix publique, autorisèrent de
leur fuffrage, l'horrible fentence; au milieu de cette effervefcence générale, caufée

par le fanatifme, il n'y eut qu'un feul homme affez au - deffus de fon fiècle, pour réclamer, & cet homme fupérieur, le Lecteur l'a déja nommé : c'eft le grand Socrate.

Cependant la vigueur du feul vrai citoyen, qui fût alors dans Athènes, arrêtait l'exécution des vainqueurs des Arginufes. Les Orateurs turbulens, qui avaient mis en caufe ces infortunés, annoncèrent qu'ils allaient accufer leur défenfeur, & les Prêtres, toujours cachés derrière la toile, femèrent adroitement que l'homme qui fe croyait plus éclairé qu'Athènes entière, en voulait fourdement à fa liberté. Le péril devenait éminent ; les amis de Socrate vinrent le conjurer, à genoux, de céder à la violence ; ils lui repréfentèrent que fon intrépidité allait le perdre, fans fauver les victimes des Prêtres ; mais toute cette prudence pufillanime, avec laquelle on aurait déterminé un homme d'Etat ordinaire, n'était pas faite pour ébranler l'ame forte du Philofophe. Il déclara que la fentence bleffant les loix, tant qu'il ferait Magiftrat, il ne la ſigne-rait jamais. » J'ai contre moi, dit-il, ces » hommes effrénés, maîtres de ma vie ; » mais il eſt d'autres Juges plus terribles » pour Socrate : c'eſt Dieu, ſon cœur & » la poſtérité «.

Le peuple prit le parti, enfin, de dédaigner la réclamation de Socrate ; on alla tirer de leurs cachots, ſix des Géné-raux profcrits, c'étaient les feuls que le fanatifme eût en ſon pouvoir, & on les traîna au fupplice.

Rappellons encore ici une obfervation philofophique de la plus grande impor-tance, fur les époques rapprochées de trois crimes mémorables du même genre, dont Athènes fe fouilla au fiècle de Périclès. Il n'y a que dix ans d'in-tervalle entre le jugement dès Géné-raux des Arginufes, & la condamnation d'Alcibiade qui le précéda ; quatre ans après, Athènes effraya encore le monde, par la mort de Socrate. Heureufement qu'après ces trois grandes explosions, le volcan du fanatisme fut refermé.

Cependant Athènes ne tarda pas à porter la peine qui lui était due, pour le supplice des vainqueurs des Arginuses. Le terrible Lysandre battit ses Amiraux à Egos-Potamos, vint mettre le siége devant cette ville superbe, & la força à subir le joug de trente tyrans soudoyés par Lacédémone.

L'oppression d'Athènes, sous cette Aristocratie sanglante, fut à son comble. Xénophon, témoin oculaire, assure que les trente tyrans, en huit mois de paix, y firent tomber plus de têtes, que le fer ennemi n'en avait moissonnées, pendant les vingt-huit ans de la guerre du Péloponèse.

Socrate, dans ces tems orageux, ne se démentit point. Tandis que la crainte de la mort fermait toutes les bouches, énervait tous les cœurs, lui seul continua à faire entendre, au milieu du Sénat, l'éloquence mâle & généreuse du patriotisme;

lui feul éleva une barrière contre le defpotifme de Lacédémone; lui feul montra
à la Grèce, qu'il y avait encore une ville
des Ariftide & des Miltiade.

Un des traits qui déchira le plus l'ame
vertueufe de Socrate, c'eft de voir Critias,
un de fes anciens difciples, au rang des
trente tyrans d'Athènes. Il eft vrai que ce
Critias avait moins cultivé la perfonne du
Sage que fa renommée; tout entier, dans
une jeuneffe orageufe, à la fougue de fes
paffions, il n'avait tenté, que par amour-
propre, de concilier l'apparence de la
vertu avec fes défordres. Enfin, l'éclat que
caufa, dans la ville, fa paffion infâme
pour le jeune Euthydème, le fit bannir
d'une fociété, que la licence de fes mœurs
deshonorait. Il ne pardonna jamais à Socrate de l'avoir dévoilé, & depuis cette
époque, *il prit à tâche de le rendre odieux,
avec les calomnies ordinaires, dont en tout
tems on a noirci les Philofophes* (a).

(a) Ce font les propres termes de Xénophon.
De reb. Memor. lib. 1.

Comme l'objet de Lacédémone, en changeant la constitution d'Athènes, était de l'avilir, afin de la détruire sans danger, Critias, en qualité d'homme perdu de mœurs, & d'ennemi des lumières, lui parut digne d'être un de ses Vice-Rois; ce scélérat remplit parfaitement l'attente des ennemis de sa patrie; il fit couler, à torrens, le sang le plus illustre, &, quand sa main fut lasse de frapper, il employa l'intervalle de cette trève simulée, qu'il accordait à ses victimes, à rendre la raison & la vertu ridicule.

Cependant, Socrate ne s'endormait point sur le péril d'Athènes; il tonnait, avec sa véhémence ordinaire, contre les Trente; Critias, sur-tout, était l'objet de sa haîne vertueuse; il disait publiquement, que *l'homme qui diminuait le nombre de ses concitoyens, & qui pervertissait le reste, était le fléau de sa patrie* (a), & il évo-

______

(a) *Xenoph.* de reb. *Memor.* lib. 1.

quait contre lui la vengeance des loix , &
à leur défaut, le poignard d'un Aristo-
giton.

Critias, qui , dans un commencement
de tyrannie, avait peur, non de commettre un crime , mais de se rendre
odieux , n'osa attenter à la vie de Socrate ;
mais il lui envoya ses satellites , pour lui
défendre l'instruction de la jeunesse. Le
Sage répondit qu'il ne reconnaissait point
les ordres d'un Vice-Roi de Lacédémone , & fidèle à l'emploi pénible qu'il
s'était imposé , il continua à perpétuer,
autour de lui , la race des grands hommes.

Les Collègues de Critias , instruits de
la désobéissance de Socrate , tendirent un
piége à sa vertu ; ils proscrivirent , au
nom de la République (qu'ils faisaient
parler à leur gré) un citoyen de Salamine,
& ils ordonnèrent au Philosophe de partir
à l'instant , pour s'emparer de la personne
de l'infortuné qu'ils voulaient traîner au
supplice. Leur objet était d'abord d'avilir
Socrate , en le chargeant d'un ministère

odieux, enfuite de réduire fon patrio-
tifme au filence, en le rendant une fois
complice de leur tyrannie. Le Sage n'o-
béit pas plus aux Trente, qu'il n'avait
obéi à Critias ; il fe renferma dans fa
maifon, peu inquiet qu'on eût le pouvoir
de le punir, pourvu qu'on n'eût pas celui
de le rendre coupable. D'autres citoyens,
auxquels, à fon refus, les Trente s'adref-
sèrent, montrèrent moins de délicateffe,
& allèrent arrêter le profcrit, dans les
remparts de Salamine.

Cependant l'orage contre Socrate fe
formait en filence ; il fut fur le point
d'éclater, à l'époque terrible du fupplice
de Théramène.

Théramène, qui tenait de fes ancêtres
un fang illuftre, & un courage magnanime,
s'était laiffé admettre au rang des tyrans,
afin d'employer fon crédit à dérober des
victimes à la tyrannie. Ses Collègues, in-
dignés de voir l'ame d'un Athénien dans
un fatellite de Lacédémone, lui firent
fon procès, comme à un perturbateur du

repos public, & de leur autorité privée, le condamnèrent à mort. Un pareil jugement était inoui dans les annales d'Athènes. Aussi Socrate s'éleva, avec sa véhémence ordinaire, contre le despotisme des Trente. Le Sénat, où il siégeait alors, retentit de ses plaintes généreuses; il s'adreßa, dans une profopopée pathétique, aux mânes des Ariftide & des Harmodius, dont les ftatues décoraient l'enceinte du palais de la juftice; mais l'éloquence ne peut rien fur des hommes timides, qui voyent le glaive de la tyrannie fufpendu par un fil fur leurs têtes. Les Sénateurs qui tenaient encore à la patrie, admirèrent le Philofophe, & ne le fecondèrent point. Déja, (comme nous avons vu dans l'hiftoire des Trente) Théramène voyait briller les poignards dans les mains des fatellites de Critias, lorfque l'infortuné, à l'inftigation de Socrate, fans doute, s'élance fur l'autel qui était au milieu du Sénat, & demande, à grands cris, que le peuple le défende contre les ennemis des Dieux & des hommes. Les tyrans, de leur côté, ordonnent aux Officiers de la justice de se saisir de leur victime; il semblait que le moment de la révolution était proche; l'indignation éclatait dans tous les regards. Mais la multitude, qui assistait à ce jugement mémorable, consternée à la vue des assassins, qui entourent le tribunal, garde le silence de l'effroi; Socrate seul, qui ne connaissait le prix de la vie, que pour la sacrifier au bien des hommes, descend de son siége, & va au secours de Théramène; mais que peuvent les mains défaillantes d'un vieillard qui penche vers sa tombe, contre des hommes de sang, agguerris aux assassinats? Théramène, lui-même, le conjure, les larmes aux yeux, de l'abandonner à sa destinée, & de conserver, s'il le faut, un vengeur à sa cendre, &, pendant ce débat magnanime, on arrache l'Archonte de l'autel qu'il tenait embrassé, on lui fait fendre les flots d'un peuple innombrable, qui

pleurait au lieu de frapper ſes tyrans, &
on le traîne au lieu de ſon ſupplice.

Les Sages d'Athènes, tremblant ſur les
ſuites de l'intrépidité de Socrate, crurent
que ce grand homme allait partager la
coupe de ciguë, deſtinée à Théramène;
il les tranquillifa lui-même, en leur
diſant que ſa pauvreté était une barrière
contre les attentats des Trente, & revenant à l'inaltérable gaité qui faiſait la
baſe de ſon caractère, *ma vie eſt en ſûreté,*
ajouta-t-il, *un ſimple Philoſophe n'eſt point
un ſujet de tragédie.*

Socrate comptait peut-être un peu trop
ſur le peu d'intérêt qu'avaient les Trente
à le faire périr : la tyrannie, quand il
s'agit de ſa ſûreté, ne dédaigne aucune
victime; & en effet, Critias ſe diſpoſait
à frapper le défenſeur de Théramène,
quand Thraſybule vint, à la tête des
exilés, arracher Athènes aux Vice-Rois
de Lacédémone.

SOCRATE,

CENSEUR D'ATHÈNES;

IL INSTRUIT LA JEUNESSE;

ET DEVIENT LE FLÉAU

DES SOPHISTES.

SOCRATE n'avait pas attendu qu'on l'appellât au gouvernement d'Athènes, pour travailler à la réforme de ses abus; il disait que *le Ciel l'avait donné à ses concitoyens, pour en faire un peuple de Sages* (a); &, d'après cette idée, il s'était créé une espèce de Magistrature, qu'il exerçait, sans éclat, contre les coupables qui se prévalaient du silence des loix ou

____

(a) *Plat.* Apolog. Socrat.

de leur faibleſſe ; le vice & le ridicule reſſortaient également à ſon tribunal ; mais, ami du pacte ſocial, lors même que ſa raiſon ſupérieure en faiſait preſſentir l'inſuffiſance, il n'employait aucune force étrangère pour faire reſpecter ſes arrêts ; ſon ironie philoſophique avec les Sophiſtes, l'éloquence touchante de ſes diſcours à la jeuneſſe, ſur-tout l'exemple de ſa vie vertueuſe, étaient les ſeules armes dont ce grand homme faiſait uſage ; une Cenſure auſſi pacifique, n'a pas beſoin de la ſanction du Souverain, pour être légitime.

Socrate s'apperçut bientôt que ſon ſiècle était trop dépravé, pour que ſa Cenſure pût y régénérer ſes concitoyens ; convaincu que la Magiſtrature tacite qu'il exerçait, ne faiſait qu'effleurer les mœurs dégradées des hommes mûrs avec qui il vivait, il tourna toutes ſes vues du côté de la génération qui devait remplacer ces Sybarites, & il ſe fit l'Inſtituteur de la jeuneſſe d'Athènes.

Cette idée admirable, de confacrer fa vie à faire germer la morale & la vertu dans des cœurs neufs, & que la contagion de l'exemple n'a point encore dépravés, rendra à jamais refpectable, aux yeux de la raifon, la mémoire de Socrate ; &, fous ce point de vue, ce Sage eft l'égal des Légiflateurs, il eft le père de fa République.

Il fortit de l'école de Socrate, une foule d'hommes célèbres, qui fe diftinguèrent dans les Arts, à la guerre & dans les Magiftratures.

Je voudrais ne point parler de Critias, un des trente tyrans que Lyfandre nomma, moins pour gouverner Athènes que pour la renverfer ; mais enfin, ce Critias avait le génie de l'homme d'Etat, s'il n'en avait pas l'ame ; tout ivre qu'il était de fang humain, maître de la vie de Socrate, il s'en laiffa braver, & jufqu'au moment où l'habitude du pouvoir abfolu lui apprit à ne reconnaître plus de frein, il parut, dans fa vie publique,

ſinon chérir la vertu, du moins en reſ-
peĉter le ſimulacre. Cette hypocriſie, que
la philoſophie pardonne au deſpote,
parce qu'elle ſert de barrière à ſes fureurs,
était un hommage involontaire, que Critias rendait à la philoſophie ſublime de
Socrate.

Un des premiers, & en même-tems
un des plus célèbres proſélytes que Socrate fit à la raiſon, fut Alcibiade; nous
avons vu, dans la vie de ce héros, avec
quel ſuccès le Sage l'arracha à des voluptés
criminelles, qui énervaient à-la-fois ſes
organes & ſon intelligence, pour le jetter
dans la carrière de la gloire. Cependant,
pour me ſevrir des expreſſions de Plutarque, déja cité une fois, Alcibiade, qui
n'avait pas appris de bonne heure à ſe
combattre, échappait quelquefois à ſon
Inſtituteur. Il ſentait ſe r'ouvrir les cica-
trices à demi-fermées des bleſſures que
la volupté avait faites à ſon ame; alors
Socrate était obligé de courir après lui,
comme après un eſclave qui s'enfuit,

traînant encore un bout de fa chaîne ; Alcibiade rougiffait, avouait fes torts, & redevenait Philofophe.

La manière dont Socrate fit la conquête de Xénophon, le héros & l'hiftorien de la Retraite des Dix-Mille, n'eft guères dans nos mœurs. Ce dernier parcourait, d'un air diftrait, la place publique d'Athènes, le Sage le rencontre & tendant au-devant de lui fon bâton, pour l'empêcher de pourfuivre fa route : » Xénophon, lui dit-il, fais-tu où fe » vend le bled qui fert à ta fubfiftance. » — Sans doute. — Tu fais probablement » auffi où l'on enfeigne à être vertueux ? » — Non, je l'ignore «. — Eh bien, fuis- » moi, je vais te l'apprendre.—Xénophon étonné fuivit l'inconnu. Il entra dans fa maifon, par un frivole motif de curiofité, & il en fortit Philofophe.

Ce qui a donné la plus grande célébrité à Socrate, c'eft que la plûpart des fectes Grecques prirent naiffance à fon école. Divifées entr'elles d'opinions, elles fe réuniffaient à faire de ce grand homme la tige de leur généalogie philofophique, & ce n'eft pas une légère merveille que de voir Socrate, qui n'a rien écrit, Patriarche, fans le favoir, d'une foule de fectes, qui ont rempli la Grèce de leurs ouvrages, & propagé jufqu'à nous, foit leurs fyftêmes ingénieux, foit le néant de leurs controverfes.

Antifthène, le père du Cynifme, qui réfidait au Pirée, diftant d'Athènes de plufieurs milles, fe rendait tous les jours à la maifon de Socrate : Phédon, un des fondateurs de la fecte Eléatique, ne le quittait jamais ; au refte, c'était la reconnaiffance qui l'avait amené aux pieds du Sage ; il lui devait d'être libre, quoique né efclave, & vertueux, quoique deftiné, par un maître fans mœurs, au rôle infâme de Ganymède.

Il fallait que le plaifir que les difciples de Socrate trouvaient à l'entendre, tînt de cet efpèce d'enchantement dont l'Antiquité fait honneur à la lyre des Orphée

& des Arion, puisque Cébès, citoyen de Thèbes, aimait mieux vivre à Athènes, où le Gouvernement le regardait de mauvais œil, que dans sa patrie, où il était honoré; puisqu'Aristippe, éloigné de ce grand homme, devenait pâle & défait, comme l'amant aimé que l'intervalle des mers sépare de sa maitresse.

Le trait qui caractérise le plus cette espèce d'idolatrie, est celui d'Euclide (a). Athènes, à cette époque, avait juré une haîne immortelle à Mégare, sa patrie, & il était défendu, sous peine de la vie, à ses concitoyens, de paraître dans l'Attique; Euclide, dans le délire de son enthousiasme philosophique, s'habillait en femme, &, la tête couverte d'un voile, se rendait, à l'entrée de la nuit, à la maison de Socrate : le péril qu'il courait, ne servait qu'à rendre plus piquant, à ses yeux, le charme de l'entretien du Philosophe.

(a) *Aul. Gell.* noct. Attic. lib. 6, cap. 10.

Il ne faut pas s'imaginer que Socrate
avilit le mot sublime d'instituteur des
hommes, en mettant un prix à ses leçons.
Il abandonnait aux Sophistes ce vil commerce d'argent & de lumières. Aussi
Eschine fut bien étonné, quand, le confon-
dant avec les instituteurs mercenaires
dont Athènes était remplie, & l'abor-
dant avec une sorte de confusion, il le
vit sourire de l'excuse qu'il tirait de sa
pauvreté. *Socrate, lui dit-il, je suis sans
patrimoine : ma personne est tout ce que
je possède : je te l'offre ; daigne en
disposer. — Songes-tu bien, Eschine,*
répondit le Philosophe, *à la grandeur du
présent que tu me fais.*

Aristippe est le premier des disciples
de Socrate qui osa vendre, à prix d'argent, la raison & la vertu. Une année
où ses leçons lui avaient rapporté une
grande somme, il en fit passer une partie
au Sage, qui la renvoya, avec une sorte
d'indignation. Le lendemain, ce dernier
rencontre le Sophiste : *d'où te vient donc*

lui dit-il, *cette subite opulence ? — De cet art de raisonner , d'où te vient ta pauvreté.*

Le plus fameux des disciples de Socrate , & celui qui , après ce grand homme, a rendu le nom de Philosophe plus respectable aux siècles de lumières, est Platon ; mais ce personnage est trop distingué, pour ne le représenter ici que dans une épisode. Nous avons considéré en lui l'homme d'Etat dans l'histoire de la Sicile : nous dessinerons le Philosophe, dans l'histoire du siècle d'Alexandre.

Socrate, en se faisant l'Instituteur de la jeunesse d'Athènes, en rendant son école le centre de ralliement pour les sectes des Philosophes , s'était proposé de rendre la génération naissante moins perverse que celle qui la précédait ; mais dans les Gouvernemens qui se dégradent , on ne rend jamais impunément les hommes meilleurs. Le Sage d'Athènes trouva, dans la carrière qu'il parcourait, des êtres dangereux , qui faisaient métier de tromper leur siècle ; il se crut obligé de les démasquer, & il ne triompha d'eux que pour devenir leur victime.

Les prétendus rivaux de Socrate, étaient les Sophistes. On les reconnaissait à la morgue insolente de leur ton & de leur doctrine ; ils allaient de ville en ville, escortés d'une foule de disciples, parlant la langue énigmatique des Oracles, & affichant la science universelle. La jeunesse, ardente & crédule, s'enrôlait sous leurs drapeaux, & achetait, à grand prix, le droit de propager les futilités de leur dialectique, leurs erreurs en morale, & l'orgueil de leur demi-savoir, plus dangereux que la franchise de l'ignorance.

Socrate, qui, dans son grand projet de perfectionner l'espèce humaine, avait à cœur de ne point voir détruire son ouvrage, s'y prit très-adroitement pour décréditer les Sophistes. Il allait dans leurs maisons, lorsque leurs cercles étaient les plus brillans, se mêlait obscurément dans la foule , & comme ces hommes préfomptueux , sûrs de ne jamais refter fans réponfe , permettaient à tout le monde de les interroger , le Sage rompant à propos le concert bruyant des applaudiffemens , priait , avec une bonhommie dont tout le monde , excepté l'homme de génie , était la dupe , qu'on levât quelques doutes , qui naiffaient , difait-il , de fon ignorance ; alors l'entretien une fois engagé , il promenait les Orateurs dans un dédale de queftions dont lui feul tenait le fil , & tirait , de leurs réponfes , des réfultats fi abfurdes , qu'elles équivalaient à un aveu tacite de leur ignorance.

La Nature , au refte , femblait avoir organifé Socrate , pour cette ironie qu'il faifait fi bien valoir. Il était d'une taille peu avantageufe , décontenancé , fans grâces & fans phyfionomie ; fes manières répondaient à un pareil extérieur. Il marchait ordinairement nuds pieds , & revêtu d'une bure groffière ; il

difait n'avoir rien vu, & fes connaiffances géographiques ne femblaient pas
s'étendre au-delà du Péloponèfe.

Les premiers Sophiftes que Socrate
démafqua, furent couverts de confufion,
& perdirent à-la-fois leur renommée &
leur revenu. Les autres, inftruits par ce
grand exemple, firent une ligue offenfive
& défenfive contre l'impie qui faifait
taire leurs oracles, cabalèrent fourdement
avec des Prêtres hypocrites & des Poètes
non moins méprifables, & en rendant le
Sage odieux, fe vengèrent de ce qu'il
les avait rendus ridicules.

VIE PRIVÉE

DE

SOCRATE.

IL faut que notre vanité soit flatée de voir l'homme qui a joué un grand rôle sur la terre, descendre de la scène pour se mêler avec nous : car un charme secret nous entraîne à la lecture de la vie privée de l'être qui a le plus de droit à nos hommages ; il y a peu d'hommes de goût qui ne se surprenne quelquefois à laisser dans leur gloire les héros de Tite-Live & de Diodore, pour les voir en déshabillé dans Plutarque.

La vie privée de Socrate a sur-tout un intérêt particulier ; c'est qu'elle sert de cadre aux mœurs de son siècle, &

qu'elle explique le problême mémorable de la mort de ce grand homme.

Socrate était né pauvre : encore fon patrimoine, tout modique qu'il était, fut de bonne heure perdu pour lui (*a*). Un de fes amis intimes le lui emprunta pour le faire valoir, & le dégrada tellement, par fon inexpérience dans les affaires, qu'il n'en refta pas la plus légère trace ; le Philofophe vit ce malheur avec indifférence, & Athènes l'aurait ignoré tout-à-fait, fi ceux qui n'y avaient point d'intérêt en euffent auffi peu parlé que lui-même.

Socrate logeait dans une efpèce de chaumière, était vêtu de bure, vivait de légumes, & fe croyait heureux ; c'eft qu'il favait circonfcrire fes defirs ; quand le hafard l'amenait à la vente de quelques citoyens renommés par leur opulence, à la vue des meubles précieux dont on

____

(*a*) *Liban.* in Apolog. Socrat.

faifait l'étalage, il ne difait que ce mot
fi fimple & fi admirable : *Que de chofes
dont je n'ai pas befoin !*

Il n'eut cependant tenu qu'à Socrate
d'être le plus riche particulier de fon
fiècle, fi, à l'exemple des Sophiftes,
il avait voulu vendre fa fageffe & fes
lumières. Un Roi de Macédoine, qui,
fur fa renommée, brûlait du defir de
l'entendre, lui fit offrir des préfens de
la plus grande magnificence, s'il voulait
venir dans fes Etats. » Non, non, ré-
» pondit le Philofophe, une pareille
» récompenfe ferait un fardeau pour
» moi ; je n'irai point dans une Cour
» où l'on peut me donner plus que je
» ne puis rendre (a) «.

(a) *Senec.* de Benific. lib. 5, cap. 6. — Le
Philofophe de Rome n'approuve cependant pas
le Philofophe d'Athènes, & comme les raifons
qu'il en donne ne font pas celles d'un Sophifte,
on les verra ici avec plaifir. Nous ne nous
amuferons pas à une nouvelle traduction,

Cependant le Sage ne mettait point,
dans la pauvreté dont il faisait gloire,

---

parce que le coloris de Sénèque nous semble
rendu avec succès par celui de La Grange.

» Pourquoi ce refus de Socrate ? ce Sage,
» d'abord, était le maître de ne pas recevoir
» de présens ; de plus, il eût été le premier
» bienfaiteur : il venait à la prière d'Archelaüs,
» c'était un bienfait que le Roi de Macédoine
» ne pouvait rendre. Enfin, ce Prince lui eût
» donné de l'or & de l'argent, mais il aurait
» reçu en échange le mépris de l'or & de l'ar-
» gent. Quoi, Socrate n'aurait pu s'acquitter
» envers Archelaüs ! quel bienfait eût donc été
» comparable au spectacle d'un homme qui sa-
» vait vivre & mourir ! quel bienfait, s'il eût
» initié ce Prince aux mystères de la Nature,
» ce Prince, si peu versé dans la Physique, que
» pendant une éclipse, il fit fermer son palais,
» & raser son fils, comme on le pratiquait dans
» les tems de deuil & de calamité ? . . .

» Quoi, Socrate ne se serait pas acquitté en-
» vers Archelaüs, s'il lui eût appris à régner ?
» Que signifiait donc la réponse du Philosophe ?
» Il aimait la raillerie ; accoutumé à jetter du
» ridicule sur tous les hommes, & sur les grands

cette morgue qui tient de la mifantropie. Quand il avait des befoins, il ne rougiffait pas d'en faire l'aveu : un jour d'hiver, il dit, en riant, à fes amis affemblés : *Si j'avais eu de l'argent, j'aurais acheté un manteau.* » C'était, dit à ce » fujet l'ingénieux Sénèque, ne demander » à perfonne, en avertiffant tout le monde. » On fe difputa l'honneur de l'achat du » manteau : en effet, c'était donner peu

» en particulier, il aima mieux refufer en plai-
» fantant, que d'une manière arrogante : il dit
» donc qu'il ne voulait pas recevoir de bienfaits,
» d'un homme à qui il ne pouvait en faire
» éprouver. Peut-être craignait-il d'être forcé
» de recevoir contre fon gré ; peut-être crai-
» gnait-il d'accepter des préfens peu dignes de
» Socrate. On dira qu'il était le maître de re-
» fufer, mais alors il eût irrité contre lui un
» Monarque arrogant, qui voulait qu'on attachât
» le plus grand prix à tous fes bienfaits. . . .
» Voulez-vous favoir ce que Socrate refufa
» réellement ? Il refufa d'aller chercher une
» fervitude volontaire, lui dont la liberté parut
» infupportable même à une République «.

» à Socrate; mais c'était beaucoup, d'être
» l'homme dont Socrate confentirait à
» recevoir (*a*) ».

En général (& c'eft ce qui caractérife
la vraie vertu), Socrate ne mettait aucun
fafte dans les chofes mêmes où il fe montrait fupérieur aux hommes. Son habit
n'était qu'une bure groffière, mais il était
propre, & convenait à fa taille. Quand
il paraiffait dans des affemblées de cérémonie, attentif à ne point bleffer une
forte de décence fociale, qu'il ne faut
jamais dédaigner qu'en fecret, il admettait, dans tout fon extérieur, la parure.
Tel il fe montra dans le fameux banquet
d'Agathon (*b*); à ne voir que fon habit,
on l'aurait pris, ce jour-là, pour le rival
d'Alcibiade.

Ce n'était pas là le fyftême des Phifolophes de fon tems; ceux qui avaient
le plus de droit à la célébrité, outraient

(*a*) *Senec.* de Benefic. lib. 7, cap. 24.
(*b*) *Plat.* in Conviv.

la vertu, ce qui la rendait odieufe, où du moins ridicule. On connaît le trait d'Antifthène, un des apôtres du Cynifme. Cet homme, jaloux de faire parade de fon indigence, avait déchiré fon manteau, & montrait l'ouverture à tout le monde. *Je vois au travers*, lui dit Socrate, *non ta pauvreté, mais ton orgueil.*

Il était dans les principes de Socrate d'être frugal, non pour fe diftinguer de fes concitoyens, mais pour conferver une ame-faine dans un corps robufte. Cette tempérance lui fut fingulièrement utile au commencement de la guerre du Péloponèfe. La pefte, alors, exerçait fes ravages dans Athènes, avec une telle violence, que la fuperftition fuppofait les Dieux d'intelligence avec les ennemis de la République. Le Sage vit moiffonner, autour de lui, les têtes qui lui étaient les plus chères, fans fubir la plus légère atteinte de la contagion. Les Anciens difent que ce grand homme fut le feul des Athéniens, dont le fléau terrible n'ofa

approcher; ce qui, au reſte, ne contribua
pas peu à donner du crédit à ſon génie
familier : car le peuple explique rarement
la Nature avec la Phyſique, quand il peut
l'expliquer avec des merveilles.

La frugalité de Socrate n'étant point une
vertu d'apparat, ne paſſait pas l'intérieur de
ſa maiſon : lorſqu'on l'invitait à un repas,
il mangeait & buvait comme le reſte des
convives ; on aurait dit qu'il laiſſait ſa
philoſophie ſur le ſeuil de la porte. Au
reſte, il avait une tête merveilleuſement
organiſée pour ſoutenir, quand il le fallait, cette ſorte d'intempérance : jamais
les fumées du vin n'obſcurcirent ſa raiſon
du plus léger nuage, & l'Antiquité atteſte
qu'il n'y avait aucune différence entre
Socrate à jeun, & Socrate au ſortir d'une
orgie.

Socrate, en général, était l'homme le
plus uni dans le commerce de la vie : il
n'affichait point un ſavoir qui humilie ; il
ſe diſait l'ami de ſes élèves, & jamais
leur maître ; quand l'Oracle l'eut déclaré

le plus sage des hommes, importuné de sa célébrité, il redoubla de modestie encore. » Le mot d'Apollon, disait-il, » n'est, sans doute, qu'un apologue : » ma sagesse est si peu de chose ! elle » consiste à savoir que je ne sais rien «.

La douceur du Sage était égale à sa modestie. Les traits de la satyre la plus violente effleuraient à peine la surface de son ame tranquille : non qu'il ne fût né avec le germe des passions les plus impétueuses, mais il avait appris toute sa vie à se combattre, & voilà ce qui constitue sa vraie supériorité : l'homme d'un tempérament de feu, qui devient froid à force de raison, est l'homme vertueux par excellence.

On peut juger de cette inaltérable modération de Socrate, par deux anecdotes que le Précepteur de Néron nous a transmises (a). Un de ses esclaves avait

____

(a) *Senec.* de irâ lib. 1, cap. 15, & lib. 3, cap. 11.

pris à tâche de l'irriter : le fang du Sage s'alluma en effet ; mais revenu à l'inftant à lui-même : *je te frapperais*, dit-il , *fi je n'étais en colère :* l'autre trait n'eft pas moins admirable, quoiqu'il ne foit guères dans nos mœurs : un de fes ennemis, fans doute un Sophifte , dont il venait de triompher , fe vengea de fon humiliation , en lui donnant un foufflet. *Je ne favais pas* , dit - il en fouriant , *que le Philofophe , en tems de paix , eût befoin d'un cafque.*

Sans fortir de fa propre maifon, Socrate avait occafion à chaque inftant de s'exercer à la patience ; il avait deux femmes , toutes deux d'une humeur brufque & inégale , qui , vivant l'une avec l'autre dans une difcorde perpétuelle , n'en fortaient que pour le tourmenter lui-même. Ces femmes étaient la fameufe Xantippe & Myrto , petite-fille du grand Ariftide ; il eut de la première Lamproclès , & de l'autre Ménexène & Sophronifque : ces trois enfans , écrafés par la gloire de leur père, n'ont tranſmis qu'un nom ſtérile aux faſtes de l'Hiſtoire.

On s'étonne comment Socrate, l'apôtre des mœurs, ſe prêta à une bigamie qui n'était ni dans ſes principes, ni dans ceux de ſa République (*a*). L'Hiſtoire nous en donne le motif, je ne dis pas l'apologie. La fameuſe peſte du Péloponèſe avait enlevé tant de pères de famille dans Athènes, que le Gouvernement, pour ramener la population dans ſes remparts, permit, à chaque citoyen qui

____

(*a*) Quelques Ecrivains ont été juſqu'à révoquer en doute le mariage du Philoſophe avec la petite-fille d'Ariſtide ; mais leurs preuves négatives ne peuvent être miſes en balance avec les raiſons poſitives qui le font admettre ; ce ſecond mariage n'eſt point fondé ſur une tradition vague ; le nom de la mère & celui des enfans ont été conſervés : l'Hiſtoire, comme nous allons le voir bientôt, nous en a tranſmis juſqu'au motif politique ; enfin, pluſieurs Ecrivains de poids ſe réuniſſent à l'atteſter. Voyez *Diog. Laërt.* in Socrat. ; *Athen.* Deipnoſoph. lib. 13, & *Plutarch.* in Ariſtid.

avait survécu à la contagion, de prendre deux femmes. Socrate profita du bénéfice de la loi, comme s'il voulait faire entendre qu'on pouvait mettre un voile sur la statue de la Pudeur, quand il s'agissait de réparer les ruines de la République.

Un entretien du Philosophe avec Alcibiade, que Diogène nous a conservé, achève de démontrer qu'il ne fut l'infracteur des mœurs publiques, que par patriotisme : ils pesaient ensemble les inconvéniens, soit du célibat, soit du mariage, & Socrate en revenait sans cesse à son axiome favori :

Sois libre, ou que l'Hymen te range sous sa loi.
Le Chagrin monte en croupe, & galope avec toi (a).

» Fort bien, disait Alcibiade, mais So» crate a fait un choix, &, condamné
» à vivre avec des femmes, il devrait
» réprimer leurs indécentes clameurs. —

(a) Vers de Boileau, qui est devenu proverbe.

» Mon oreille y eſt faite ; ces clameurs
» ſont pour moi les cris des oies d'Al-
» cibiade. — Mes oies m'importunent,
» mais elles me pondent des œufs, &
» je les ſouffre. — Eh bien, mes femmes
» me donnent des enfans, je paie le
» tribut à la patrie, & tout eſt par-
» donné «.

Xantippe fut des deux femmes de
Socrate, celle qui chercha le plus à em-
poiſonner ſa vie par ſon humeur ſauvage & ſon emportement ; le grand
homme lui échappait par l'unique raiſon
qu'elle le voyait tous les jours ; auſſi
fut - elle long - tems à le traiter avec
cette dureté outrageante qui caractériſe
l'empire d'une femme ſur un être qu'elle
mépriſe ; elle le maltraitait de paroles
juſques dans les places publiques d'A-
thènes. Un jour, après avoir vomi mille
imprécations contre le nœud qui le liait
à elle, ſa poitrine ſe trouvant fatiguée
de ce débordement d'injures, & le ſilençe
du Philoſophe ne faiſant qu'accroître ſa

fureur, elle prit un vafe plein d'une eau infecte, & la lui répandit fur la tête : on connaît le trait de gaîté qui échappa alors à Socrate : *Je favais bien qu'après le tonnerre viendrait la pluie.*

Ce qui ajoute encore un nouveau luftre à l'étonnante modération de Socrate, c'eft qu'il connaiffait parfaitement le caractère de Xantippe, quand il fongea à recevoir fa foi. Il la choifit exprès brufque & difficile à vivre, afin de faire avec elle un cours de Philofophie pratique. » Les » femmes méchantes, difait-il, font entre » les mains du Sage, ce que font entre » celles d'un écuyer habile, les chevaux » ombrageux ; ce dernier commence par » dompter l'animal le plus fauvage, afin » que les autres n'offrent qu'un jeu à fon » adreffe. Ce fyftême eft le mien ; j'ap- » prens à vivre avec Xantippe, afin de » me faire fans peine au commerce des » hommes (a) «.

______

(a) *Xenoph.* in Conviv. ; *Diog. Laërt.* in Socrat.

Il faudrait, pour achever le portrait de Socrate dans sa vie privée, examiner en détail, de quel poids peut être, aux yeux de la Raison, la trop fameuse accusation contre ses mœurs, dont il a plu à quelques ennemis de la Philosophie de flétrir sa mémoire ; mais le pinceau de l'Histoire est trop chaste pour s'appesantir sur de pareils tableaux ; il est heureux, pour ces vils calomniateurs, que les excès dont ils parlent, soient de nature qu'on ne puisse défendre un grand homme sans le faire rougir.

Toute l'Antiquité dépose en faveur de la pureté des mœurs de Socrate : Platon, Cicéron, Quintilien, n'ont qu'une voix à cet égard ; Xénophon dit en propres termes : *Ce Philosophe était le plus chaste des hommes* (a) : *quelquefois il déclarait qu'il était amoureux ; mais on sentait bien que ce n'était pas des grâces du corps, il*

____

(a) *De reb. Memor.* lib. 1.

n'avait en vue que la beauté de l'intelli-
gence (a).

Un mot de Diogène, détruit fur tout
la calomnie par fa bafe : *On affure que
Socrate dédaigna d'abord Alcibiade, à caufe
de fa beauté* (b). Un texte de Plutarque,
que nous avons déja eu occafion de tranfcrire, achève de montrer la vérité, à
l'homme du moins qui n'a pas d'intérêt
à l'entourer de nuages. » Les mœurs
» d'Alcibiade fe perdaient, & cette plan-
» te, qui attirait tous les regards, était
» fur le point de voir avorter fon fruit,
» avant même qu'elle eût donné fa fleur.
» Socrate conçut le projet de rendre ce
» héros des femmes à la patrie & à la
» vertu. — Bientôt le jeune homme prit
» un goût fingulier à l'inftruction du
» Sage : cependant, celui-ci ne flattait
» point les inclinations perverfes de fon

(*a*) Ibid. lib. 4.
(*b*) *In Socrat.*

» élève : il ne le regardait point avec
» cette complaisance efféminée qui sem-
» ble solliciter les faveurs du crime ;
» mais il employait toutes les reſſources
» de ſon génie à guérir ſon imagination
» dépravée, à rabattre ſa vanité puſilla-
» nime, & à remplir le vuide de ſon
» intelligence (a) «.

Si malgré toutes ces autorités, il reſtait
encore quelque doute à l'homme de bien,
qu'il pèſe le raiſonnement victorieux
qu'on peut tirer du ſilence des Anitus
& des Ariſtophane.

Nous allons voir les Fanatiques, les
Sophiſtes & les vils Poètes dont la Muſe
était à leurs gages, intenter à Socrate le
procès odieux qui lui coûta la vie : les
Juges, que la célébrité du Sage humiliait,
firent valoir contre lui les plus légers
ſoupçons, pour pallier l'iniquité de leur
ſentence : cependant, au milieu de cette

____

(a) *Plutarch.* in *Alcibiad.*

foule de témoins, féduits par l'hypocrifie & vendus à la fcélérateffe, il ne s'en trouvera pas un feul qui dépofera contre les mœurs de Socrate. Les pères, les frères de ces jeunes Athéniens, dont nous avons eu la lâcheté, après tant de fiècles, de le faire corrupteur, loin de fe rendre parties contre lui, ne paraîtront, au pied des tribunaux, que pour attendrir les Juges par leurs larmes, pour racheter, au prix de tous leurs biens, la vie du Sage, pour le faire abfoudre enfin, fi fa raifon fupérieure ne lui diétait pas de mourir, afin d'être, dans la Grèce, la dernière victime du fanatifme.

Ariftophane préparera, dans fa Comédie des Nuées, la coupe de ciguë qui fit périr Socrate, & malgré tout le fiel de la fatyre la plus effrénée, il ne lui échappera pas un feul trait qui tende à flétrir l'amitié du Sage pour Alcibiade ; & qu'on ne dife pas que ce gene de dépravation de mœurs était fi commun à la Grèce, qu'on ne fongeait pas même à en faire un crime :

on voit, par une autre Comédie du même Poète (*a*), que c'était un motif légitime d'exclusion, pour toutes les places du Gouvernement. Athènes, attentive, depuis Solon, à mettre de l'équilibre entre les délits & les peines, punissait des mœurs infâmes en soumettant le criminel à l'infamie; & quelle jouissance pour un homme tel qu'Aristophane, s'il avait pu rendre infâme, le Philosophe qu'il brûlait à-la-fois de rendre odieux & ridicule!

On peut d'après ces faits, apprécier les vers odieux que s'est permis un des plus beaux génies, & en même-tems un des plus injustes du siècle de Louis XIV.

Ce Socrate, l'honneur de la profane Grèce,
Qu'était-il, en effet, de près examiné,
Qu'un mortel par lui-même, au seul mal entraîné;
Et malgré la vertu dont il faisait parade,
Très-équivoque ami du jeune Alcibiade (*b*)?

(*a*) *Aristoph.* equit. verf. 876 ; & comme Aristophane ne fait peut-être autorité en rien, voyez la *harangue d'Eschine contre Timarque*, où le même fait est allégué.

(*b*) *Boileau*, satyre sur l'équivoque.

Il faut mettre ce jugement de Boileau, avec ceux qui lui font échappés contre Quinaut & le Tasse : observons que depuis un demi-siècle, mille personnes se sont élevées pour défendre les deux Poètes, dans une cause où il ne s'agissait que de rimes, & que dans celle de Socrate, où il s'agit de vertu, je suis presque le seul qui descende dans l'arène, pour réhabiliter son nom flétri par la satyre.

DES

NUÉES D'ARISTOPHANE.

LA vertu & la raison de Socrate commençaient à être un fardeau pour les scélérats & les imbécilles ; on prévint sans peine contre lui un peuple léger & présomptueux, qui se lassait de l'entendre sans cesse appeller le Sage par excellence, & ce grand homme fut puni, quoique dans un siècle de lumières, d'avoir été au-dessus de ses contemporains.

L'orage s'éleva à-la-fois de trois côtés. Anitus conduisait une cabale de Magistrats & de Prêtres ; Lycon était l'ame de celle des Sophistes, & Mélitus se faisait l'organe de l'animosité des Poètes : toutes ces différentes classes de citoyens avaient à se plaindre de Socrate, parce que ce grand homme, constitué, par son génie, Censeur de sa patrie, la prémunissait, avec

une intrépidité vertueuse, contre le fanatifme & contre le defpotifme . & vengeait
la morale des attentats fecrets de quelques
Cyniques. Anitus était le membre le
plus dangereux de cette formidable confédération. Cet homme, à-la-fois vil &
atroce, n'avait pu pardonner à Socrate
d'avoir dévoilé, plus de vingt ans auparavant, fon ambition & fon hypocrifie,
& dès cette époque, il avait tramé, de
concert avec les Poètes comiques de fon
tems, le complot qui conduifit enfin le
Philofophe au fupplice.

La Comédie, dans Athènes, n'était
point ce qu'elle eft devenue chez des
peuples plus heureux, l'école du goût
& des mœurs. La licence la plus effrénée en faifait la bafe ; on y déchi-
rait impunément tout ce qu'il y avait
de grand dans l'Etat, & quoique, grace
au mépris général qu'infpirait la fatyre,
un Poète infolent ne tint pas, dans fa
main, toutes les renommées, la multitude n'était pas fâchée de voir les hommes

qui la gouvernaient immolés quelquefois à la risée publique : ce spectacle, fait pour l'amour-propre de ce Peuple-Roi, le consolait de voir l'Ostracisme tombé en désuétude.

Les premiers Dramatiques qui se firent les organes impurs d'Anitus contre Socrate, furent Eupolis & Ameipsias : ce dernier s'était contenté de jouer les singularités du Philosophe, telles que celle de marcher nuds pieds, de n'avoir qu'un habit pour toutes les saisons, & de vivre de légumes ; l'autre cherchant encore plus à rendre Socrate odieux que ridicule, eut la coupable insolence de lui faire commettre un vol sur le théâtre (a) : l'absurdité de la calomnie ferma les yeux sur son atrocité ; de plus, l'opinion publique vint suppléer au silence des loix ; Socrate continua à être l'oracle d'Athènes, & Eupolis seul fut dévoué à l'infamie.

____

(a) *Scholiast. Aristoph.*

Les premières fatyres contre Socrate, n'avaient été confignées que dans quelques fcènes épifodiques des drames d'Eupolis & d'Ameipfias. Ariftophane, plus fait, par la baffeffe de fon ame, pour être l'inftrument de la fcélérateffe d'Anitus, compofa une pièce entière contre le Philofophe : c'eft cette farce des *Nuées*, qu'on honora du nom de Comédie dans un fiècle où il n'y avait point de Comédie, & qui dut fa célébrité éphémère au grand nom de Socrate.

Comme il s'eft écoulé vingt-trois ans entre la dernière repréfentation des Nuées & le fupplice de Socrate, des hommes, qui jugent de la chaîne des évènemens politiques par la chronologie, ont voulu abfoudre de ce crime la mémoire d'Ariftophane ; mais cette opinion contredit les meilleurs monumens de l'antiquité : il eft démontré que la cabale des Anitus & des Mélitus, dans le fameux procès qu'elle intenta au Sage, ne fit que réchauffer le libelle dramatique d'Ariftophane ; Platon le dit en propres termes dans un texte de l'*Apologie.* » Réduifons » à des termes précis l'accufation de » Mélitus : Socrate, à l'en croire, eft un » impie : jouet d'une curiofité coupable, » il veut pénétrer ce qui fe paffe dans les » Cieux, & fonder ce qui eft caché dans » les abîmes du globe ; il connaît des » fecrets pour faire triompher l'injuftice, » & ces fecrets, il a l'audace de les divul- » guer. Eh bien, cette accufation, telle » que je viens d'en donner le précis, » tous les chefs en font confignés dans » les Nuées d'Ariftophane (*a*) «.

L'hiftoire de la Farce des Nuées, du prix qu'on mit à la baffeffe de fon auteur, des refforts que le fanatifme fit jouer pour que la pièce fe dénouât par le fupplice de Socrate, cette hiftoire, dis-je, nous a été tranfmife, avec tous fes détails, par Elien ; & dans une matière auffi délicate, il eft

---

(*a*) *Plat.* Apol. Socrat. *in init.*

encore plus prudent de tranfcrire cet Ecrivain, que de rédiger ce chapitre d'a-près fes mémoires.

» Anitus (*a*) & fes amis épiaient les
» occafions de nuire à Socrate ; mais ils
» n'étaient pas sûrs des difpofitions d'A-
» thènes ; ils ne favaient comment le
» peuple recevrait une accufation intentée
» contre un perfonnage tel que Socrate :
» ils prirent donc la réfolution de fonder
» les efprits par un effai ; car il ne leur
» femblait pas prudent de citer brufque-
» ment le Sage en juftice : il était, d'ail-
» leurs, à craindre que fes amis, irrités,
» n'animaffent les Juges contre les accu-
» fateurs, & ne les fiffent punir févère-
» ment, pour avoir ofé calomnier un
» citoyen qui, loin d'avoir caufé aucun

____

(*a*) *Elian.* Hiftor. Diverf. lib. 2, cap. 13.
— Je me fervirai de la traduction eftimable de
M. Dacier, mais en la refferrant un peu, fuivant
le privilége de l'Hiftoire.

» dommage à la République, en était
» l'ornement & la gloire.

» D'après ces réflexions, Anitus & ses
» complices engagèrent Ariftophane,
» Poète comique, bouffon de profef-
» fion, naturellement plaifant, & s'é-
» tudiant à l'être, à repréfenter So-
» crate, dans une Comédie, avec tous
» les défauts qu'on lui reprochait : tels
» que d'avoir une forte d'éloquence qui
» faifait paraître jufte ce qui était illé-
» gitime, de blafphémer le culte de fa
» patrie, & de vouloir introduire, dans
» Athènes, des divinités étrangères.
» Ariftophane faifit avidement ce fujet,
» y jetta le ridicule avec profufion, &
» traduifit ainfi fur le théâtre le plus
» grand homme de fon fiècle.

» Les Athéniens, qui ne s'attendaient
» pas à un tel fpectacle, furent finguliè-
» rement étonnés; mais comme ils font
» envieux par caractère, & détracteurs-
» nés, tant de ceux qui ont part au
» Gouvernement, que de ceux qui fe

» diftinguent par leurs lumières , ou qui
» fe rendent refpectables par leur vertu ,
» ils prirent beaucoup de plaifir à la
» Comédie des Nuées , & la couron-
» nèrent.

» Socrate allait rarement au fpectacle ;
» on ne l'y voyait que quand Euripide
» entrait en lice avec quelques Poètes
» tragiques : car il eftimait finguliėre-
» ment ce Poète , pour l'excellence de
» fon talent , & pour l'honnêteté qui
» refpirait dans fes ouvrages ; quelque-
» fois , cependant , Alcibiade , par fes
» plaifanteries , contraignait le Philo-
» fophe à voir jouer des Comédies ;
» mais loin d'y prendre aucun plaifir ,
» cet homme jufte , vertueux , & fur-
» tout excellent connaiffeur , méprifait
» des Poètes qui ne favaient que mordre
» & infulter , fans qu'il échappât à leur
» plume rien d'utile. Voilà ce qui in-
» difpofait contre lui cette claffe des
» Dramatiques , & ce qui contribua
» peut-être autant à le faire jouer , que

» le complot d'Anitus & des Fanati-
» ques.

» Malgré ces réflexions , il eſt vrai-
» ſemblable qu'Anitus & Mélitus payè-
» rent très - cher Ariſtophane , pour de-
» venir l'organe de leur reſſentiment. Il
» n'eſt point étonnant que des hommes,
» qui deſiraient, avec ardeur, de perdre
» Socrate , & à qui toute voie paraiſſait
» légitime, euſſent donné de l'argent à
» Ariſtophane, & que le Poète, pauvre
» & méchant, l'eût reçu, pour prix de
» ſa baſſeſſe & de ſon infamie «.

Ce récit ſuffit , ſans doute , pour apprécier le caractère des Anitus & des
Ariſtophane, pour voir la mauvaiſe opinion que les gens de goût du ſiècle de
Périclès avaient des Farces ſatyriques ,
qu'on honorait alors du nom de Comédies ; mais l'homme de bien , avide de
tout ce qui regarde un perſonnage auſſi
important que Socrate, deſire des détails
plus particuliers ſur la pièce des Nuées,
& c'eſt pour ſatisfaire une curioſité ſi

légitime , que nous en allons donner l'analyse.

Strépsiade, riche , mal-aisé , curieux , comme on l'est dans les villes sans mœurs, de payer ses dettes avec des sophismes , se propose d'aller prendre des leçons de friponnerie chez des gens *qui prouvent que le Ciel est un four , & que les hommes sont des charbons.* C'est avec ce style décent que le Poète désigne les Philosophes.

Strépsiade heurte à la porte de Socrate , il en sort un esclave du Sage , espèce d'apprentif Philosophe , qui se plaint de ce que le bruit du marteau lui a fait perdre le fil d'une idée précieuse pour l'humanité ; l'Athénien veut entrer ; on lui dit que le grand homme est occupé, en ce moment, à résoudre un problème de la plus grande importance ; il s'agissait de calculer l'intervalle du saut d'une puce ; Socrate , dit le valet bouffon , s'y est pris très-adroitement ; il a plongé , dans de la cire , récemment fondue , les pattes de l'insecte , qui s'est trouvé avoir des bro-

dequins, & la cire refroidie, le Philofophe a mefuré l'intervalle.

Jufqu'ici, Socrate ne paraît que ridicule, & l'objet du fatyrique n'eft pas
rempli : il s'agiffait de lui faire boire la
ciguë, & on lui prête, à cet effet, des
crimes dignes de l'échaffaut.

» Hier, dit le Valet des Nuées, mon
» maître n'avait rien pour fon dîner ;
» mais fon intelligence fublime ne l'a-
» bandonna pas ; il répandit de la pouf-
» fière fur une table, où étaient déve-
» loppés des deffins, & tandis qu'il
» amufait fon auditoire, en promenant
» fon compas fur les contours, de l'autre
» main il décrocha fubtilement un man-
» teau avec un fer recourbé. Alors nous
» eûmes à dîner «.

Ariftophane favait mieux que perfonne
combien le larcin entrait peu dans l'ame
magnanime de Socrate ; il avait vu le
Philofophe, glorieux d'une pauvreté vertueufe, refufer les préfens des Rois,
que lui-même, vil Poète, avait follicités ;

mais il ne faut pas juger, par les principes ordinaires, de la logique de la méchanceté. Ariſtophane était convaincu, que pourvu qu'il fît rire, il pouvait être impunément abſurde & atroce.

Cependant, le ſallon s'ouvre, & Strépſiade voit Socrate guindé en l'air dans une corbeille. La raiſon que le Poète en fait donner au grand homme qu'il traveſtit, n'eſt ni décente, ni heureuſe. » C'eſt que quand on médite ſur ſon » parquet, la terre attire toutes les pen- » ſées les plus ſubtiles de l'intelligence, » comme le creſſon ſauvage pompe l'hu- » midité deſtinée aux plantes qui l'envi- » ronnent «. — Ce n'eſt pas tout - à - fait ainſi que l'Auteur des Femmes Savantes rend ridicule l'hôtel de Rambouillet : mais auſſi, quel prodigieux intervalle entre le génie de Molière & la verve d'Ariſtophane!

Strépſiade tire le Sage de ſa rêverie, & le conjure, au nom des Dieux, de lui apprendre à payer ſes dettes, ſans qu'il lui en coûte rien. *De quels Dieux parlez-vous*, dit Socrate ; *car on ne connaît point ici les Dieux d'Athènes ?* Voilà le germe de l'horrible accusation d'athéisme qui, dans la suite, coûta la vie au Philosophe.

Au défaut des Dieux de la patrie, Socrate propose à son élève de lui faire invoquer les Nuées, divinités favorites de son école : celui-ci consent à tout, pourvu qu'il satisfasse ses créanciers, sans endommager sa fortune : alors, après une évocation magique, des femmes, vêtues de robes transparantes, se montrent, au haut du théâtre, sur des machines figurées en nuages, & exécutent un chœur, moitié héroïque & moitié burlesque, que la populace d'Athènes devait trouver d'autant plus beau, qu'elle était moins à portée de l'entendre.

» Les voilà, dit le Philosophe, ces » Dieux des Sophistes, des Médecins, » des Poètes & le mien «. — A l'instant Strepsiade se prosterne & les adore.

Il y a, dans cette scène de Socrate &

de Strepfiade, un mêlange d'épigrammes fines & de plaifanteries triviales, comme on devait l'attendre d'un Poëte qui croyait fuppléer, par l'efprit, à l'abfence du goût & du génie. Parmi ces dernières, il y a une explication du tonnerre, que Scarron ne fe ferait pas permife dans fon Virgile travefti, & qui dut amufer beaucoup la populace des halles d'Athènes.

Les Nuées accordent à Strepfiade de voir anéantir fes dettes, fans avoir befoin de les payer, pourvu qu'il fe faffe Philofophe. Alors, Socrate conduit l'adepte dans une efpèce d'antre de Trophonius, &, abufant de la rufticité du perfonnage, il le fait paffer par diverfes épreuves auffi abfurdes, mais bien moins plaifantes que celles de notre Bourgeois-Gentilhomme.

Pendant cette Farce, les Nuées, oubliant le fujet de la pièce qu'elles jouent, fe mettent à difcourir longuement fur le tort qu'Athènes fait à fon goût, en ne couronnant pas les pièces d'Ariftophane.

Cette espèce de prologue, enchâssé au milieu d'une pièce, prouve qu'il n'y a pas plus de vraisemblance théâtrale dans la Farce de l'ennemi de Socrate, que dans nos anciens Mystères, ou dans les Actes sacramentaux des Véga & des Calderon.

Le Poète s'oublie enfin, pour revenir à Socrate. Le Sage, après avoir terminé les épreuves du noviciat de son élève, le fait étendre sur un lit, & lui enjoint de méditer sur les moyens de se jouer de la bonhommie de ses créanciers. Strepsiade se tourmente long-tems en vain : » enfin, dit-il, mon imagination » me fournit un secret admirable; j'ache- » terai une sorcière; grace à sa baguette, » je prendrai la lune, & je l'enfermerai » dans un étui, comme un miroir. — Eh » bien, qu'en résulterait-il ? — Ce qu'il » en résulterait : s'il n'y avait plus de » lune, il n'y aurait plus de calendrier, » & par conséquent plus d'intérêts à payer » au bout du mois «.

Si Molière avait mis de pareilles plai-
santeries dans la bouche de son Mifan-
trope, croit-on que ce beau génie eût
trouvé des admirateurs dans les Condé,
dans les Montaufier, dans les Fénélon,
& dans cette foule d'hommes de goût
qui embelliffaient la Cour de Louis
XIV ?

Le Socrate d'Ariftophane, qui n'eft
point celui de Platon & de toute l'Antiquité, continue à fe jouer, de la manière la plus infipide, de la balourdife
de Strepfiade; il lui confeille de donner
de nouveau l'effor à fon efprit, *comme
les enfans le donnent aux hannetons qu'ils
tiennent fufpendus à un fil,* & l'élève do-
cile, s'applaudit bientôt d'un nouvel ex-
pédient que la méditation lui a fait naître;
c'eft de fe placer, avec une efpèce de miroir
ardent, derrière l'Huiffier chargé de le
pourfuivre, & de brûler toutes fes écri-
tures Socrate voit, à toutes ces réponfes,
qu'il eft impoffible de dérouiller l'enten-
dement de Strepfiade, & il l'engage à lui

amener Phidippide, son fils, afin qu'il en fasse un Philosophe.

Ici paraît la stérilité du génie d'Aristophane ; car il est évident que Socrate ne jouera, auprès de Phidippide, que le rôle qu'il a joué auprès de Strepsiade ; ainsi, le même tableau sera répété deux fois dans la même galerie

Strepsiade, qui se dit possédé de l'esprit Socratique, veut forcer son fils à monter sur le même trépied ; celui-ci refuse ; dès le commencement du dialogue, il jure par Jupiter. » Tu ne sais » donc pas, dit l'apprentif Philosophe, » que, depuis Socrate, il n'y a plus de » Jupiter « ?

Le père détermine à la fin son fils, & le présente à Socrate, qui tente, à son ordinaire, de se faire la sage-femme de ses pensées : le Sage, voyant son éloquence sur le point d'échouer, appelle à son secours deux personnages bisarres, qu'on ne s'attend guères à rencontrer sur la scène avec des hommes : c'est

le *Juste* & l'*Injuste*, deux êtres allégoriques qui tombent des nues, pour
faire chacun une espèce de plaidoyer très-
faible de raisons, & très-fort d'injures.
Le Chœur de Nuées est obligé, de tems
en tems, de leur imposer silence, pour
les empêcher d'ensanglanter le théâtre ;
& quand ils sont partis, oubliant de
nouveau qu'il est en scène, il s'adresse
aux Juges des Jeux, & les menace de
se convertir en grêle, s'ils ne couronnent
pas la pièce d'Aristophane.

Cependant, Socrate se montre, reçoit
en présent, de Strepsiade, un sac de
farine, & lui apprend que, grace à ses
bons offices, Phidippide en sait déja
assez pour nier une dette, eût-elle été
contractée devant mille témoins ; en
effet, un créancier s'étant présenté, les
deux fripons éludent sa demande par
diverses subtilités froides, & qui n'ont
pas même le sel passager de l'allusion,
& Strepsiade, en le mettant dehors, lui
dit que quand il a eu la stupidité de

promettre de payer sa dette, son fils n'était pas encore devenu Philosophe.

Un nouveau créancier paraît, & on le chasse avec son témoin, sous le prétexte ridicule qu'il a été trop ignorant pour définir, en Physicien, l'eau de la pluie.

Les progrès de Phidippide, dans l'infraction raisonnée des loix sociales, amènent peu-à-peu le dénouement des Nuées. Strépsiade accourt sur le théâtre en criant au meurtre, & invoquant la vengeance céleste contre son fils, qui l'a maltraité & mis en sang. Celui-ci répond froidement, qu'il n'a fait que mettre en pratique la théorie de l'*Injuste*, & s'adressant au Chœur, il accumule sophisme sur sophisme, pour prouver qu'il a eu raison de frapper son père. Strépsiade, au désespoir, se repent enfin d'avoir abandonné les Dieux de son pays, pour suivre des novateurs téméraires; il s'adresse à Mercure, & feignant d'en être inspiré, il commande à ses esclaves d'apporter des échelles, des haches & des torches;

l'ordre

l'ordre exécuté, il monte, à leur tête, fur
le toît de la maifon de Socrate, brife les
poutres & met le feu aux quatre angles
de l'édifice : les Philofophes fortent au
travers des tourbillons de flammes, les
Nuées fe retirent, & le fpectacle finit
avec l'incendie.

Telle eft cette farce des Nuées qui
amena le plus grand crime de fanatifme
dont fe foient jamais fouillé les faftes
d'Athènes. Quoique la Comédie Grecque
(à en juger par les pièces qui nous reftent)
ne foit jamais fortie de fon enfance, cependant les gens de goût, contemporains de Socrate, révoltés des invraifem-
blances théâtrales des Nuées, les profcri-
virent comme ouvrage Dramatique, avant
que les gens de bien de tous les fiècles en
fiffent juftice, comme du plus infâme des
libelles. La pièce tomba à la première
repréfentation, & les Juges des Jeux
couronnèrent deux rivaux d'Ariftophane,
Cratinus & Améipfias.

Cependant il y avait, dans Athènes,

une cabale violente, ſoudoyée par Anitus,
pour faire réuſſir les Nuées ; il eſt probable que la modération ſublime de Socrate, contribua, autant que les défauts
dont fourmillait la pièce, à faire échouer
l'intrigue des complices d'Ariſtophane.
Ce grand homme, inſtruit qu'on devait
le jouer, lui & la Philoſophie, ſe rendit
au ſpectacle contre ſon uſage, & ſe plaça
dans l'endroit le plus apparent. Lorſque
l'Acteur qui faiſait le perſonnage du Sage,
parut avec le maſque qui repréſentait ſes
traits, les Etrangers, peu au fait de l'hiſtoire littéraire d'Athènes, demandèrent
en tumulte quel était le citoyen qu'on
immolait ainſi à la riſée publique ; la
rumeur augmenta, quand on le vit voler
un manteau & blaſphémer les Dieux de
la Grèce ; alors Socrate, qui s'apperçut de
l'inquiétude de ces Etrangers, ſe leva pour
la faire ceſſer, & reſta debout tout le tems
du ſpectacle, expoſé aux regards de la
multitude (a). Ce grand homme ne dé-

______

(a) *Elian.* Hiſtor. Diverſ. lib. 2 , cap. 13.

mentit pas un feul moment fa philofophie pratique. Il dit à un de fes voifins,
qui s'étonnait de fon fang-froid, au milieu des horreurs qu'on lui prétait : » Je
» me fuppofe dans un grand feftin, où
» j'éprouve les faillies de gaité des con-
» vives (*a*) «.

Nous avons parlé des Nuées comme
d'un ouvrage que fa méchanceté même
ne put faire accueillir, par un peuple ami

(*a*) *Plutarch.* Oper. Moral. ; le texte mérite
d'être cité dans la traduction franche & naïve
d'Amyot. » Quand Ariftophane fit jouer la
» Comédie , qui s'appelle les Nuées, en la-
» quelle il répand , fur Socrate , toutes les
» fortes & manières d'injures qu'il eft poffible ;
» comme quelqu'un des affiftans, à l'heure qu'on
» le farçait & gaudiffait ainfi, lui demanda :
» ne te courrouces-tu point, Socrate, de te
» voir publiquement blafonner ? Non , certai-
» nement , répondit-il , car il m'eft avis que
» je fuis, en ce théâtre, ni plus ni moins qu'en
» un grand feftin, où l'on fe gaudit joyeufement
» de moi «. — *Traité comment il faut nourrir
les enfans ,* pag. 6 , fol. rect.

de la fatyre. Cependant un Hiftorien, qui vivait fous l'empire d'Héliogabale, c'eft-à-dire, plus de fix fiècles & demi après la première repréfentation des Nuées, prétend que cette Pièce eut le plus grand fuccès fur le théâtre des Sophocle & des Euripide (*a*), & les ennemis de la raifon, intéreffés à accréditer ce triomphe prétendu d'Ariftophane, ont répété à l'envi ce menfonge hiftorique ; mais il me paraît démontré qu'admettre une pareille opinion, c'eft calomnier le bon goût d'Athènes ; toute l'Antiquité attefte que les Nuées éprouvèrent la chûte ignominieufe qu'elles méritaient, & Ariftophane lui-même en convient, à la fin du premier Acte de cette farce fatyrique. L'aveu de ce Poète, qui avait d'ailleurs toute la préfomption des demi-talens, eft une autorité un peu plus forte que celle de l'Hiftorien du fiècle d'Héliogabale.

____

(*a*) *Elian*, Hiftor. Diverf. loc. citat.

» Athéniens (a), dit, à la seconde re-
» préfentation, le Chœur des Nuées, au
» nom d'Ariftophane , j'attefte Bachus,
» mon père & mon maître, que je vous
» dirai la vérité. Puiffai-je être vainqueur
» aujourd'hui , & paffer dans votre efprit
» pour auffi bon Ecrivain que je vous crois
» bons connaiffeurs ! Je vous donnai (l'an
» paffé) cette Comédie, comme la meil-
» leure que j'euffe faite (b), en vous priant
» de l'entendre avec autant de foin que
» j'en avais mis à la compofer. Cependant
» j'eus le malheur d'être vaincu par d'in-
» dignes concurrens (Cratinus & Améip-
» fias) ; deftinée que j'étais bien loin de
» mériter. C'eft de cette chûte que j'ofe

(a) Je me fervirai de la traduction du P.
Brumoy , plus élégante que celle de Boivin ,
fans être moins fidèle.

(b) *La meilleure !* ce mot eft remarquable ;
mais c'eft à l'article de la Comédie Grecque , que
nous ferons plus à portée d'apprécier le demi-
talent d'Ariftophane.

» me plaindre à vous, & aux honnêtes
» gens, pour qui seuls je travaille (*a*)......
» Aujourd'hui, ma Pièce reparaît, & elle
» vient, appuyée de son seul mérite &
» de sa seule beauté... Que ceux qui rient
» aux Drames de mes rivaux, ne se di-
» vertissent pas aux miens ; c'est tout
» le mal que je leur souhaite. Pour vous,
» Athéniens, si vous agréez les Nuées,
» je promets de vous croire désormais
» des hommes de goût par excellence «.

Une vanité aussi révoltante, ne réconcilia pas les Juges des Jeux avec la farce
des Nuées, il paraît que les Athéniens se
soucièrent fort peu d'être les hommes de
goût par excellence, s'il fallait acheter ce
nom, en couronnant un libelle sans talent, & ils se permirent, une seconde
fois, de siffler Aristophane (*b*).

(*a*) Nous venons de voir comment Aristophane
ne *travaillait que pour les honnêtes gens ;* mais
c'est une phrase de convention, adoptée par tous
les faiseurs de libelles.

(*b*) *Scholiast. in Aristoph.*

Cette double chûte des Nuées, explique parfaitement, comment Socrate, dénoncé au théâtre de fa Nation, comme
un voleur, comme un Athée, comme
l'infracteur de toutes les loix fociales, &
l'ennemi né des Dieux & des hommes,
comment, dis-je, malgré cet anathême
flétriffant prononcé contre lui, il jouit
encore, pendant plus de vingt ans, de
toute fa gloire. Affurément, fi les Nuées
avaient été reçues avec enthoufiafme, la
cabale d'Anitus n'aurait pas tant tardé à
triompher; ce fcélérat, au fortir du fpectacle, avait droit de traîner Socrate devant les tribunaux, & de forcer les hommes, qui avaient couronné le dénonciateur, à frapper la victime.

Les Nuées, grace au bon goût d'Athènes,
ne firent donc tort, dans le tems, qu'au
Poète vil & infolent, qui avait ofé calomnier, à la face d'une Nation entière, le
génie & la vertu; mais tel eft le danger
des libelles, dont un Gouvernement fans
principe a la faibleffe d'autorifer la pu-

blicité, que la réclamation générale n'eſt qu'une faible ſauve - garde pour l'innocence qu'on flétrit. Si la bleſſure faite par la calomnie ſe guérit d'abord, la cicatrice reſte, & quand l'occaſion d'être méchant ſans danger ſe préſente, le calomniateur vient r'ouvrir la cicatrice, & le juſte ſuccombe. Telle eſt l'hiſtoire des Nuées. Ariſtophane, par la chûte de ſa Pièce, fut reconnu pour un ſcélérat, &, ce qui le bleſſait davantage, ſans doute, pour un homme ſans génie. Cependant c'eſt ce même libelle d'Ariſtophane, réchauffé vingt ans après par la bouche impure du fanatiſme, qui prépara le ſupplice de Socrate.

Le mot de ſcélérat m'eſt échappé en caractériſant Ariſtophane; & ce mot, tout terrible qu'il eſt, je ne l'effacerai pas. La crainte puſillanime de bleſſer les enthouſiaſtes des Anciens, ne doit point enchaîner ma plume, dévouée à la vérité. L'Hiſtoire n'a qu'une grammaire, & quand les faits qu'elle expoſe décèlent la ſcéléra-

teſſe, il faut qu'elle ait le courage d'appeller ſcélérat, l'homme accrédité qui s'en
eſt rendu coupable. Si cette franchiſe fière,
mais juſte, pouvait être interdite, il n'y
aurait point en particulier d'hiſtoire des
hommes.

PROCÈS CRIMINEL

DE

SOCRATE.

Aɴɪᴛᴜs haïſſait originairement, dans Socrate, l'homme dont la philoſophie éclairait ſon fanatiſme & ſes travers; il tenta de le perdre, en provoquant contre lui les Nuées d'Ariſtophane´, & la Pièce n'ayant ſervi qu'au triomphe du Sage , il chercha pendant vingt ans à le punir du peu de ſuccès de ſa haîne. Les diſcordes inteſtines qui ſuivirent l'expulſion des Trente , lui parurent une circonſtance favorable, pour donner de l'activité à ſa vengeance. En effet, tous les corps de l'Etat, dans ce moment de criſe, voyaient de mauvais œil l'homme qui oſait être ſupérieur à ſon ſiècle. Le ſacerdoce s'indignait des progrès d'une morale sublime, qui tendait à épurer le culte public, à mettre de l'unité dans les différentes parties du Gouvernement, & à rapprocher les hommes; la Magistrature, avilie par la longue impunité des brigandages qu'avaient exercés, dans Athènes, les Vice-Rois de Lacédémone, desirait d'humilier le Sage qui l'avait écrasée de sa vertu, dans le procès odieux de Théramène; enfin, le peuple même, qui avait gémi long-tems de la tyrannie de Critias, se rappellant d'avoir vu autrefois ce scélérat à l'école de Socrate, haïssait le maître à cause du disciple. Telles étaient les dispositions des esprits, quand Anitus fit intenter, devant les tribunaux d'Athènes, un des procès les plus mémorables qui aient été consignés dans les annales des hommes.

Anitus, comme nous l'avons dit, s'était ligué avec Mélitus, qui défendait les Poètes, & Lycon, qui voulait venger les Sophistes; mais, quoique l'ame de toute l'intrigue , inftruit par la chûte d'Ariftophane , il ne voulut pas paraître lui-même fur la fcène. Ce fut Mélitus qui fe chargea du rôle infâme de dénonciateur : quand tous les termes de l'accufation eurent été pefés mûrement par la confédération des ennemis de Socrate , elle fut portée à l'Archonte-Roi, chargé de recevoir les accufations de vol, d'impiété & de facrilége. Voici les termes mêmes de cette étrange accufation de Mélitus , telle qu'elle nous a été tranfmife par Diogêne.

» Mélitus fe déclare le dénonciateur » de Socrate , fils de Sophronifque.

» Socrate eft coupable, parce qu'il ne » reconnaît point les Dieux que la Ré- » publique adore, & qu'il en introduit » de nouveaux à leur place.

» Il eft coupable encore, parce qu'il » pervertit l'efprit de la jeuneffe.

» De tels crimes ne peuvent être expiés » que par la mort «.

A peine le péril de Socrate fut-il connu,

que tout ce qu'il y avait de grand & d'é-
clairé dans Athènes, parut dans la conf-
ternation ; les difciples du Philofophe
plus courageux, parce qu'ils le voyaient
de plus près, firent fervir leur talent à
fa défenfe. L'Orateur Lyfias, dans la
chaleur de fon enthoufiafme, compofa.,
en peu de jours, une harangue entière,
que le célèbre accufé devait prononcer
devant fes Juges. Celui-ci la lut d'un
bout à l'autre avec un plaifir qu'il aimait
à manifefter, mais il la rendit à fon auteur. » Cette harangue, dit-il, me femble
» pleine de mouvemens ; elle a une élo-
» quence qui entraîne : je la crois digne
» de Lyfias enfin, mais elle ferait mal
» placée dans la bouche de Socrate (*a*) «.

______

(*a*) *Cicer.* de Orat. lib. 1 ; *Diog. Laërt.* in
Socrat. Je ne fais pourquoi le Compilateur
Valère-Maxime, fe refufant ici à la tradition
de toute l'Antiquité, prétend que quand Lyfias
apporta fa harangue à Socrate, celui-ci répondit,
avec toute l'aigreur de la mifantropie, que *s'il*

Platon, inftruit par le refus de la harangue de Lyfias, vit que Socrate était trop grand pour qu'il fongeât à lui prêter fon ame ; mais, entraîné par fon zèle philofophique, il voulut défendre par lui - même l'apôtre de la raifon : malheureufement, il n'avait pas encore atteint cet âge de trente ans, fixé par les lois, pour avoir le droit de parler en public : il monta cependant fur la tribune ; mais à peine ouvrait - il la bouche, pour excufer fa jeuneffe, que les Magiftrats lui ordonnèrent de fe taire : il eft probable que le difcours, préparé alors par ce beau génie, a été fondu dans fes immortels Dialogues ; ainfi, il n'a pas été perdu pour la poftérité.

---

eût été capable de prononcer un pareil difcours, même dans les déferts de la Scythie, il fe ferait jugé indigne de vivre ; affurément un pareil trait convient plus au farouche Timon, qu'au Sage plein d'urbanité, qui cultivait la fociété d'Afpafie & d'Alcibiade.

Socrate , aux prifes avec le fanatifme de fon fiècle , ne pouvait être défendu que par lui-même ; auffi defcendit-il feul dans l'arène , & il y offrit lé fpectacle nouveau d'un accufé qui , plus tranquille fur la fellette , que fes Juges fur leur tribunal , converfait paifiblement avec les Arbitres fuprêmes de fa vie , comme s'il n'eût fait que difcuter des matières philofophiques , fous les portiques de l'Académie (*a*).

(*a*) Platon & Xénophon difent nous avoir tranfmis tous deux le difcours que leur maître prononça dans fa propre caufe ; mais le morceau, confervé par le premier Ecrivain , mérite feul d'être analyfé dans une Hiftoire des Hommes, foit parce qu'étant préfent, il fut plus à portée de fe pénétrer de ce chef d'œuvre , foit parce qu'au fond, le beau génie de Platon était feul digne d'interpréter la belle ame de Socrate.

C'eft en parlant du difcours de Platon , que s'exprimait ainfi Montagne , le Patriarche des modernes Philofophes.

» Voyons par quelles raifons Socrate éveille

» Mélitus, ô Athéniens, a cherché,
» dans une harangue artificieuſe, à vous
» prémunir contre ce qu'il appelle mon
» éloquence; s'il ſuffit d'être vrai pour
» êt e éloquent, j'ai quelque dro:t, ſans
» doute, à me mettre au rang des Ora-
» teurs; car je n'ai que des faits à vous
» expoſer : c'eſt avec l'hiſtoire de ma vie

» ſon courage aux haſards de la guerre, & ſur-
» tout quels argumens fortifient ſa patience contre
» la calomnie, la tyrannie & la mort. Il n'y a
» rien ici d'emprunté de l'art & des ſciences.
» Les plus ſimples y reconnaiſſent leurs moyens
» & leurs forces. Il a rendu un grand ſervice à
» l'humanité entière, de montrer combien elle
» peut d'elle - même : car c'eſt un plaidoyer
» puérile, & cependant d une hauteur inima-
» ginable, & employé en quelle néceſſité ! &
» ſa façon d'argumenter eſt admirable égale-
» ment, & en ſimplicité, & en véhémence. Il
» eſt plus aiſé de parler comme Ariſtote, & de
» vivre comme Céſar, qu'il n'eſt aiſé de parler
» & de vivre comme Socrate : là loge l'extrême
» degré de perfection & de difficulté, l'art n'y
» peut joindre «. *Eſſais*, liv. 3, ch. 12.

» que je veux fauver, s'il eft poffible, à
» mon ennemi, le crime de ma mort.

» Je touche à ma foixante & dixième
» année, & c'eft pour la première fois
» que j'entre dans ce palais confacré à
» l'examen & au jugement des grands
» crimes. Je ne connais point le ftyle
» en ufage dans ces lieux terribles ; mais
» vous me traiterez, fans doute, avec
» autant d'indulgence qu'un étranger
» qui cherche à balbutier votre langue :
» au fond, que nous importent à tous
» ces formes verfatiles dont la chicane
» s'enveloppe ? L'effentiel, pour des
» Magiftrats, eft d'être juftes, & pour
» un accufé qui plaide fa caufe, de dire
» la vétité.

» L'accufation dont je fuis la victime,
» remonte à une époque très - reculée.
» C'eft la fuite d'un complot tramé il y
» a un grand nombre d'années : vous
» étiez alors dans cet âge heureux, où
» l'ame, neuve encore, ne fe défie de
» rien : il ne fut pas difficile à mes en-

» nemis de furprendre votre inexpérience.
» Ces ennemis, qui ont employé toute
» leur vie à empoifonner la mienne, font
» bien plus dangereux, que les accufateurs
» qui me mettent aujourd'hui en caufe.
» Car ils font en crédit dans Athènes,
» ils gouvernent fon opinion, & leur
» puiffance enchaîne tellement ma voix,
» que je n'ai pas la liberté de les nommer.

» Ces antiques calomnies, dont on a
» bercé votre jeuneffe, font le vrai germe
» de la dénonciation de Mélitus : s'il fallait
» les réduire en forme, voici quels en
» feraient les principaux chefs : *Socrate*
» *eft un impie : jouet d'une curiofité cri-*
» *minelle, il veut lire ce qui fe paffe dans*
» *les cieux, & fonder ce que la terre recèle*
» *dans fes abîmes ; il a des moyens de*
» *confondre les idées du jufte & de l'injufte,*
» *& il fe fert de ces fecrets dangereux pour*
» *pervertir l'efprit de la jeuneffe.*

» Ariftophane, l'interprète des hommes
» puiffans qui m'oppriment, a configné
» ces calomnies dans fa Comédie des

» Nuées, où le personnage, qu'on dé-
» vouait à la risée publique, était repré-
» senté, suspendu dans une corbeille,
» promettant de se promener dans les
» airs, & enseignant une foule de secrets
» ridicules dont je ne me doutai jamais.
» Mélitus, en me dénonçant aux Tribu-
» naux, n'a fait qu'étendre le venin de
» cette Comédie.

» Mais, me direz-vous : la calomnie,
» toute obscure qu'elle est, a toujours
» une base sur laquelle elle repose : si
» Socrate avait mené la vie simple &
» uniforme des autres citoyens, l'envie
» aurait respecté son obscurité vertueuse,
» & ses jours ne seraient pas maintenant
» en danger.

» Ma réponse, ô Athéniens, mérite
» qu'on la pèse ! je n'ai point recherché
» cette célébrité qui a éveillé l'envie. Je
» la dois uniquement au nom de Sage
» que m'a donné l'Oracle : nom fastueux,
» mais dont j'ai été loin de me prévaloir,
» puisqu'il ne désignait, à mes yeux, que

» la franchife avec laquélle je déclarais
» favoir que je ne favais rien (a).

» Cependant, la jeuneffe la plus bril-
» lante d'Athènes, féduite par l'Oracle,
» s'attacha à moi, & voyant que, par
» ma manière de converfer avec les So-
» phiftes, je mettais au jour le néant de
» leurs fyftêmes, élle tenta de m'imiter,
» & elle y réuffit fans peine ; car la
» préfomption de l'homme, qui croit
» favoir tout, éft toujours en défaut au-
» près de la bonhommie de l'homme
» ingénu qui ne fait rien.

» Ces expériences de mes jeunes amis
» me devinrent bientôt fatales. Les So-
» phiftes humiliés s'en prirent à moi :
» ils allaient difant par-tout *qu'il y avait*
» *un certain Socrate, ennemi de Dieu &*
» *des Loix, qui pervetiffait la jeuneffe.*
» On leur demandait alors quels étaient

(a) Ici eft toute l'hiftoire de l'Oracle, telle
qu'elle a été rapportée ci-deffus pag. 128.

» les principes de ce perturbateur du
» repos public, mais ils n'en favaient
» rien : cependant, pour ne pas être
» foupçonnés d'impofture, ils avaient re-
» cours à tous ces reproches vulgaires
» dont on noircit la vertu des Philofo-
» phes : tels que *fes regards téméraires*
» *cherchent à lire dans l'avenir. Il ne croit*
» *point de Dieux. Il a des fecrets pour*
» *rendre bonnes les plus mauvaifes caufes.*
» Ces imputations n'ont jamais été fou-
» mifes à l'examen ; mais, à force d'être
» répétées, elles ont pris racine dans les
» efprits, & je fuis forcé d'y répondre,
» comme fi j'avais été autrefois convaincu
» par la Comédie d'Ariftophane «.

Ici, Socrate examine, en détail, tous
les chefs de l'accufation de Mélitus ; mais
ce n'eft point un Orateur qui emploie les
preftiges de l'éloquence pour féduire fes
Juges ; c'eft un Sage qui converfe paifiblement avec un Sophifte : il interroge le
fcélérat qui l'a dénoncé, & il lui arrache
des aveux qui le démafquent. Cette lutte

fi inégale, où le génie de Socrate paraît dans toute fa fupériorité, devait fuffire, pour le triomphe du Sage, fi les Magif-trats, cédant à l'impulfion du fanatifme, n'avaient pas prononcé, dans leur cœur, la fentence de l'accufé, avant même qu'il eût ouvert la bouche pour fa défenfe (a).

(a) La défenfe de Socrate roule particuliè-rement fur l'accufation d'athéifme, réchauffée d'après les calomnies d'Ariftophane, & il eft impoffible d'avoir, à cet égard, une morale plus fublime que ce grand homme. Xénophon, qui ne s'était point concerté avec Platon, regardait le Sage comme un des plus grands Apôtres de la Divinité. Le premier livre *des actions mémo-rables de Socrate*, eft plein de textes, où il rend hommage à fa croyance : *il ne lui échappa jamais*, dit-il, *une feule parole contre le refpect dû à la Divinité ;* ailleurs, il ajoute : *mon Maître admettait une Providence qui embraffe tout ; mais il ne voulait point qu'on importunât les Oracles fur ce que la prudence humaine peut prévoir :* enfin, dans un autre endroit, Xéno-phon écrit : *Socrate aimait à prier l'Etre fuprême ; mais il fe contentait de lui demander ce qui était*

» Athéniens, ajoute le Sage, vous
» voyez mes ennemis conſternés, &

*bon ; car, d'ordinaire, l'homme qui le prie ne
le fait pas.*

Nous n'avons pas oſé inférer, dans le cours
de cette hiſtoire, toute la partie du diſcours
de Socrate, où il eſt en ſcène avec Mélitus,
ſoit à cauſe de la longueur des détails, ſoit
parce que le dialogue perdrait de ſon prix par
l'analyſe ; mais, afin de connaître la manière
de ce grand homme, nous allons tranſcrire,
dans cette note, le morceau où il ſe juſtifie
du crime de pervertir la jeuneſſe.

SOCRATE.

» Répondez - moi, Mélitus : vous avez à
» cœur que nos jeunes Athéniens deviennent
» auſſi bons qu'ils peuvent l'être ?

MÉLITUS.

» Sans doute.

SOCRATE.

» Dites donc aux Magiſtrats par quel ſecret

» mon dénonciateur réduit au silence ;
» mais il me reſte encore des choſes à

» ces jeunes gens peuvent devenir meilleurs ;
» car vous qui ſavez comment on les pervertit,
» vous ſavez par conſéquent comment on les
» forme à la vertu. Vous ſemblez interdit : on
» dirait que tout ce qui tend à la perfectibilité
» de l'eſpèce humaine, vous toucherait peu :
» revenez à vous-même, & dites-moi qui peut
» rendre la jeuneſſe meilleure.

MÉLITUS.

» Les loix.

SOCRATE.

» Vous éludez la queſtion : je demande quel
» eſt l'homme qui a un pareil talent ; car il
» eſt évident que la première connaiſſance de
» l'Inſtituteur de la jeuneſſe, eſt celle des loix.

MÉLITUS.

» Il n'appartient qu'à nos Juges de former la
» jeuneſſe à la vertu.

» vous dire : ma caufe eft plus impor-
» tante que vous ne croyez ; elle tient à

S O C R A T E.

» Fort bien : mais ce talent eft-il donné au
» corps entier de nos Juges ?

M É L I T U S.

» Au corps tout entier.

S O C R A T E.

» J'en fuis enchanté : la jeuneffe d'Athènes
» ne manquera pas d'Inftituteurs. Mais, ces
» hommes de bien qui nous écoutent, penfent-
» ils auffi à améliorer notre fyftéme d'éducation.

M É L I T U S.

» Ils en ont encore le pouvoir.

S O C R A T E.

» Mettez-vous dans le même rang les Mem-
» bres du Sénat ?

» l'hiſtoire d'Athènes, & on parlera des
» cauſes qui ont amené une ſi étrange

MÉLITUS.

» J'en fais gloire.

SOCRATE.

» Il réſulte de ces aveux, que les Athéniens
» ont tous un ſecret que moi ſeul j'ignore : tous
» peuvent rendre les jeunes gens meilleurs, &
» moi ſeul, je ne fais que les pervertir : eſt-ce-
» là votre opinion ?

MÉLITUS.

» Je ſuis loin de vous contredire.

SOCRATE.

» Eh bien, la deſtinée de la jeuneſſe d'Athènes
» ne ſaurait être plus digne d'envie ; il n'y a
» qu'un ſeul citoyen qui l'égare, & tous les
» autres peuvent la redreſſer. — Mais le pro-
» blême qui nous occupe n'eſt pas encore ré-
» ſolu. Mélitus, répondez-moi : quelle eſt la

» accuſation, long-tems après que les
» taches du délit feront effacées.

» ſociété la plus utile, de celle du méchant,
» ou de celle de l'homme de bien ? N'eſt-il pas
» vrai que ſi le méchant nuit toujours, même
» à ſes complices, l'homme de bien eſt tou-
» jours utile à celui qui le fréquente ?

MÉLITUS.

» Telle eſt mon opinion.

SOCRATE.

» Y aurait-il quelqu'un qui préférerait le mal
» qui lui nuit, au bien qui le rend heureux ?

MÉLITUS.

» Non ; il n'y a perſonne.

SOCRATE.

» Votre franchiſe me plaît : continuons :
» quand vous m'accuſez, Mélitus, de pervertir
» la jeuneſſe, prétendez-vous que je le fais de
» deſſein prémédité ?

» Ne croyez pas, fi je fuccombe, que
» ce foit Anitus ou Mélitus qui foient

MÉLITUS.

» Oui, de deffein prémédité.

SOCRATE.

» Mais, vous venez de m'accorder que le
» méchant nuit toujours, même à fes compli-
» ces; ainfi, fi je rends quelqu'un méchant, je
» m'expofe, de deffein prémédité, à en recevoir
» du mal. Le réfultat de notre entretien eft bien
» fimple : il faut de deux chofes l'une; ou que
» je ne corrompe pas la jeuneffe d'Athènes,
» ou fi je la corromps, que ce ne foit pas de
» deffein prémédité. — Maintenant, Mélitus,
» jugez-vous vous-même : fuppofé que perfonne
» ne foit forti perverti de mes mains, voilà
» votre dénonciation évidemment fufpecte d'im-
» pofture : fuppofé que j'aie gâté l'efprit de la
» jeuneffe, fans le favoir, vous avez bleffé nos
» loix en me dénonçant. Nos loix ne féviffent
» point contre les erreurs involontaires; elles
» veulent que le citoyen qui erre ayant le cœur
» bon, foit averti, avec amitié, dans le fein

» les auteurs de ma perte : ils n'auront
» été que les inſtrumens aveugles de l'en-
» vie, de cette envie qui a empoiſonné
» les jours de Miltiade & d'Ariſtide, qui
» a fait couler le ſang de tant d'hommes
» de bien, & qui a encore tant de têtes
» innocentes à moiſſonner : car je ne me
» flatte pas d'être ſa dernière victime.

» Vous allez me dire, peut-être : *So-*
» *crate, où eſt la prudence de s'attacher à*
» *une philoſophie qui expoſe à mourir avant*
» *l'âge ?* Je réponds que la vertu ne ſe
» laiſſe point enchaîner par une prudence
» puſillanime ; l'homme de bien, dans
» quelque circonſtance qu'il ſe trouve,
» doit ſe demander : *ce que je fais eſt-il*
» *juſte ou injuſte ?* & non pas, *n'en re-*
» *cueillerai-je d'autre fruit que la mort ?*

» Tout citoyen qui a choiſi un poſte
» honorable, ou que ſon Souverain y a
» placé, doit l'occuper avec courage ; il

» des familles, & non qu'on le traîne aux pieds
» des tribunaux, comme l'ennemi de ſa patrie «.

» faut qu'il foit fenfible à la honte de le
» mal remplir, plutôt qu'au danger d'être
» victime de l'envie, s'il le remplit avec
» diftinction.

» Quelle idée, ô Athéniens, auriez-
» vous donc de Socrate, fi, après avoir
» gardé, avec fidélité, les poftes que la
» patrie lui a confiés à Délie, à Potidée
» & à Amphipolis, poftes où il a cherché
» tant de fois à vaincre & non à vivre,
» aujourd'hui que la Providence, qui
» embraffe tous les êtres, l'a conduit à
» déclarer une guerre philofophique à fes
» vices & à ceux de la génération qui
» s'élève, il allait, par la crainte de la
» mort, adopter la langueur d'une vie
» inutile à fes concitoyens ! Une telle
» conduite ferait la plus criminelle des
» défertions, & malheur alors au Gou-
» vernement faible qui ne m'en punirait
» pas !

» Je veux vous dévoiler, ô Athéniens,
» mon ame toute entière ! Oui, fi au-
» jourd'hui vous me renvoyiez abfous,

„ à condition cependant de cesser d'être
„ Philosophe : je vous dirai : *ne doutez*
„ *pas, ô mes concitoyens, que je ne vous*
„ *aime & ne vous honore ! Mais Dieu &*
„ *ma conscience parlent dans mon cœur*
„ *plus haut que vos Magistrats. Je ne*
„ *cesserai jamais de présenter, à la jeu-*
„ *nesse, le flambeau de la morale, dût*
„ *sa clarté l'importuner quelquefois ; je ren-*
„ *drai vertueux tout ce qui m'environne, &*
„ *si ma mort est l'unique récompense de mes*
„ *travaux, j'aurai payé ma dette envers*
„ *la patrie, & je quitte l'existence sans*
„ *la regretter.*

„ La Providence semble m'avoir jetté
„ parmi vous, comme un grand éperon,
„ pour vous réveiller de votre léthargie.
„ Il vous sera difficile, peut-être, de
„ trouver un homme de bien qui me
„ remplace, du moins par le désinté-
„ ressement que j'ai mis dans l'exercice
„ de la Magistrature pacifique que je me
„ suis imposée : car jamais je n'ai mis
„ le prix le plus léger à mes conseils ; les

» plus audacieux de mes accufateurs n'ont
» pu, à cet égard, élever des nugaes fur
» mes principes; & , s'ils l'avaient ofé, je
» leur oppoferais un témoin irréprocha-
» ble; mon éternelle pauvreté.

　» Le courage avec lequel je me dé-
» fends, paraîtra, peut-être, un crime à
» quelques-uns d'entre vous. Il en eft,
» dans ce cercle qui m'environne, qui,
» traînés comme moi dans ce palais terri-
» ble, & expofés à un danger bien moins
» éminent, ont cherché à attendrir leurs
» Juges par le fpe&acle de leurs amis
» éplorés, & de leurs enfans fur le point
» de devenir orphelins : j'ai des amis
» auffi, ó Athéniens, mon cœur fenfible
» m'en eft le garant ! le dirai-je encore !
» il me refte trois fils, dont l'âge tendre
» follicite ma tendreffe : cependant, je
» n'aurai point recours à leurs larmes
» pour faire couler les vôtres : non qu'un
» dédain fuperbe pour mes concitoyens
» foit le principe de mon refus ; ce fen-
» timent pénible n'eft pas fait pour moi ;

» mais,

» mais, dans la haute idée que j'ai de ma
» patrie, je ne dois point la fléchir par
» des moyens qui l'humilient ; l'homme
» timide, en offrant, à ses Juges, des
» tableaux pathétiques, semble annoncer
» qu'il se défie de leur vertu, & moi, je
» crois les honorer en attendant tran-
» quillement ma sentence «.

Un pareil discours, où l'accusé semblait
moins se défendre que juger ses Juges,
n'était pas fait pour ramener les hommes
de sang qui avaient juré sa perte ; aussi
l'orage que le Philosophe avait tenté de
conjurer, ne fit que redoubler de violence. Il est vrai que dans le premier moment, des cinq cents Juges qui compo-
saient le tribunal, le plus grand nombre
pencha vers Socrate, & que Mélitus, en
vertu de la loi, allait être condamné à
l'amende des calomniateurs ; mais Anitus,
jusques là l'agent invisible de toute la
conspiration, leva le masque, & cabala
avec tant de succès dans le palais même,
qu'il ramena au dénonciateur tous les

hommes fans caractère que pouvait allarmer le triomphe des lumières. Alors deux cents quatre-vingts Magistrats, le Président à leur tête, donnèrent leur voix contre Socrate, & il ne lui resta plus que deux cents vingt suffrages. Cette pluralité entraîna la sentence qui déclarait le Sage atteint & convaincu d'avoir donné à la jeunesse une morale perverse, & d'avoir voulu substituer des Divinités imaginaires, aux Dieux de la République.

Socrate entendit l'exposé de cet arrêt, sans que le moindre nuage parût troubler sa sérénité. » Je vois, dit il, qu'il n'a » tenu qu'à trente boules que je fusse ren- » voyé absous : la victoire de Mélitus est » bien faible, & l'honneur de ma patrie » est en sûreté «.

Dans le code criminel d'Athènes, la première sentence qu'on lisait à l'accusé, déclarait seulement qu'il était coupable, sans rien statuer sur la peine qu'il devait subir; & lorsqu'il ne s'agissait pas d'un crime d'Etat, on laissait ordinairement au

coupable, le choix de cette peine (*a*) ;
c'eſt d'après ce dernier interrogatoire,
que les Juges, après avoir opiné une
ſeconde fois, rendaient l'arrêt définitif.
On avertit Socrate qu'il ne tenait qu'à lui
de faire infirmer les concluſions de Mélitus, & de voir ſubſtituer à la peine de
mort, la priſon, l'exil, ou même une
ſimple amende. D'abord ce grand homme
refuſa de prononcer, parce que le ſeul
choix des peines, annonçait qu'il ſe
croyait coupable (*b*) ; enſuite, ſe voyant

(*a*) *Cicer.* de orat. lib. 1.

(*b*) Platon fait entendre, cependant, que par
condeſcendance pour ſes amis, il ſe taxa à une
amende proportionnée à ſon indigence, c'eſt-
à-dire à une mine (un peu plus de ſoixante &
douze livres de notre monnaie), & que ſes
diſciples, un moment après, ayant propoſé de
le cautionner, il fit monter ſon offre juſqu'à
trente mines. Mais Xénophon aſſure poſitive-
ment que le Sage, incapable de plier, ne ſe
condamna à aucune amende, & l'opinion de cet
Hiſtorien eſt préférable, parce qu'elle ſe con-
cilie mieux avec le caractère connu de Socrate.

interpellé par l'interprète des Magiſtrats, il fit la réponſe mémorable qui lui a valu ſon ſupplice & ſon apothéoſe.

Nous avons vu, dans le cours de cette hiſtoire, qu'Athènes, qui tenait de ſes ſages Légiſlateurs, non-ſeulement un code de peines, mais encore un code de récompenſes, avait, dans l'enceinte de ſes remparts, un édifice public, nommé le Prytanée, où elle nourriſſait, au dépens de ſon tréſor, les veuves des guerriers morts pour ſa défenſe, ſes vieux Athlètes, que la Grèce autrefois avait couronnés, & tous les bienfaiteurs de l'Etat qui avaient droit à ſa reconnaiſſance. Socrate, interrogé ſur le choix de la peine qu'il méritait, eut l'audace ſublime de répondre, que pour prix d'un demi-ſiècle de vie conſacré à rendre ſes concitoyens plus vertueux, il ſe condamnait à être nourri dans le Prytanée, au dépens de la République.

Ce mot révolta le tribunal entier; on alla aux voix, & Socrate fut condamné prefqu'unanimement à boire la ciguë (*a*).

» Eh pourquoi, ô Athéniens ! dit le
» Philofophe magnanime, vous hâter de
» faire périr un citoyen qu'on honorait
» du titre de Sage, qui ne l'était pas
» fans doute, mais qui, grace à fon fup-
» plice, va le devenir aux yeux de la
» Grèce ? que n'attendiez-vous un peu
» de tems ? La vieilleffe a déja blanchi
» mes cheveux, & je touche au moment
» où la nature nous condamne tous à
» mourir.

» Il m'eût été facile, en employant les
» reffources des coupables, de m'échapper
» d'entre vos mains : vous vous attendiez
» peut-être à voir Socrate defcendre à
» d'indignes juftifications, embraffer vos
» genoux, les baigner de larmes : mais
» l'homme qui ne s'eft jamais permis de

(a) *Cujus refponfo fic judices exarferunt, ut
capitis, hominem innocentiffimum condemnarent.*
Voyez *Cicer.* de Oratore lib. 1.

» baſſeſſe pendant ſa vie, ne ſe deshonore
» pas ainſi à la fin de ſa carrière : j'ai mis
» dans ma défenſe la noble fierté qui con-
» venait à mon caractère, & quoique ma
» mort en ſoit le prix, je ne m'en repens
» pas ; car j'aime encore mieux boire la
» ciguë, après avoir rempli mes devoirs,
» que de traîner une pénible exiſtence,
» après avoir rempli vos injuſtes deſirs.
» Ma deſtinée, toute rigoureuſe qu'elle
» paraît, eſt préférable ſans doute à celle
» de mes accuſateurs ; vous ne me dé-
» vouez qu'à la mort, & ils ſont dévoués
» pour jamais à l'infamie «.

Socrate, coupable d'un crime que l'envie ne pardonne jamais, du crime d'être
plus éclairé que ſon ſiècle, fut livré aux
ſatellites des Magiſtrats, qui le conduiſi-
rent dans la priſon.

Tous les mots qui échappèrent au Sage,
pendant cette route ignominieuſe, pei-
gnent un homme ſupérieur à lui-même.
Apollodore, un de ſes diſciples, lui té-
moignant ſa douleur de le voir mourir

innocent ; *eh voudrais-tu , lui répondit-il
en souriant , que je mouruffe coupable ?*

Anitus & Mélitus , implacables dans
leur vengeance, comme tous les fanatiques,
percèrent la foule , & parurent, pour re-
paître leurs regards de l'humiliation de
leur victime ; Socrate ne détourna point
fes yeux. *Anitus & Mélitus , dit-il, peuvent me faire boire la ciguë , mais il n'eft
pas en leur pouvoir de me faire du mal.*

L'entretien avec Hermogène me femble plus admirable encore (*a*). Socrate ,
tranquille fur lui-même , parce que fa
grande ame n'avait rien à lui reprocher,
difcourait de tout dans le chemin de la
prifon , excepté des fuites de fon jugement. » Ne ferait-il pas à propos, difait
» Hermogène , que cette multitude irré-
» folue & fans caractère , apprît de la
» bouche même de Socrate fon innocence ?

(*a*) Xénophon place cet entretien après la
première dénonciation de Mélitus. *De reb.
Memor.* lib. 4.

» — Bon citoyen! eh qu'ai-je fait autre
» chofe, durant tout le cours de ma vie,
» que de préparer Athènes à gémir fur
» ma mort? — Socrate, je ne vous en-
» tends point. — Depuis que mon en-
» tendement a fecoué fes langes, je me
» fuis appliqué à diftinguer ce qui eft
» jufte de ce qui ne l'eft pas. Mon ami,
» j'arrive à mon terme fans remords : eh
» bien! l'exemple de ma vie fera mon
» apologie «.

Ainfi marchait Socrate ; tout ce qu'il y
avait d'éclairé dans Athènes lui fervait de
cortége ; les uns pleuraient d'attendriffement, & les autres de fureur. Platon,
plus éloquent qu'eux tous, ne pleurait
pas, mais on voyait à fes regards ternes,
à fon vifage défait, à fa démarche chan-
celante, que fon ame était oppreffée fous
le poids de la douleur. La vue de la
prifon le tira de la fombre rêverie où il
paraiffait abforbé ; le feu de fes yeux fe
ranima, & il eut cet entretien avec Socrate.

PLATON.

Suprême Ordonnateur des mondes, je te remerciais de m'avoir fait naître dans le pays de la terre où il y a le plus de lumières —j'avais tort.

SOCRATE.

Non, Platon, il est juste de remercier le Ciel, même des douces illusions qu'il nous procure : eh! que sont les jouissances de la vie, sinon des illusions? tant que nous respirons sur ce globe, nous ne voyons les objets qu'au travers d'un rideau ; à la mort ce rideau se lève, & la vérité se découvre. — Platon, je vois déja la main céleste qui entr'ouvre le rideau.

PLATON.

Quoi! dans cette Athènes où Xénophane a foudroyé sans péril la théologie d'Hésiode, où on lit les livres des sept Sages, où Euripide fait entendre sur le théâtre la voix de la raifon, Socrate boirait la ciguë! Socrate ne ferait vengé que par les vains murmures de la poftérité!

SOCRATE.

Mon ami, vous avez cru votre fiècle éclairé, & il ne l'eft pas : quelques hommes de génie paraiffent de tems en tems fur la fcène, mais ils reftent ifolés, & la multitude ne fe détourne même pas pour les appercevoir.

Le Philofophe écrit; quant au peuple, il travaille, il s'intrigue obfcurément, il perfécute, mais il ne lit pas.

En général, tout homme fans principes a peur, & c'eft parce qu'il a peur, qu'il opprime les fages; c'eft un enfant qui fe heurte pendant la nuit contre des cailloux qu'il rencontre, & qui veut les punir de fa méprife, en les changeant de place.

Au refte, cette peur ne peut rien fans le Prêtre qui la fait mouvoir : Timée & Xénophane n'avaient point fait trembler

les Interprètes des Dieux ; voilà pourquoi
ils font morts dans leur lit : j'ai eu la
courageuse mal-adreſſe de braver Anitus,
& je vais boire la ciguë.

PLATON.

Et le voilà, l'éternel opprobre de ma
Nation, qu'où il y a des loix, il y ait des
oracles, & qu'un Prêtre ait droit de faire
mourir un Philoſophe !

SOCRATE.

Mon ami, encore une fois, le peuple
ne change jamais : c'eſt un aſſemblage de
bêtes de ſomme qui ſe laiſſent monter &
brider par le premier audacieux qui ſe
préſente ; cet audacieux eſt-il un homme
de génie ? on dit que le ſiècle eſt éclairé :
n'eſt-ce qu'un enthouſiaſte ? on traite le
ſiècle de barbare.

Platon, vous êtes un des hommes les
plus faits pour imprimer un caractère de
grandeur au ſiècle où vous vivez : mais
content d'éclairer les citoyens qui vous

reſſemblent, n'attendez du peuple ni raiſon ni reconnaiſſance.

Vous voulez fonder une République parfaite ; laiſſez le peuple s'y introduire, mais qu'il y ſoit à jamais ſans pouvoir ; que l'être organiſé, pour ne penſer que d'après les autres, ne puiſſe jamais agir d'après lui même : voilà le dernier conſeil que vous donne mon amitié ; il eſt fait pour laiſſer une trace profonde dans votre mémoire, je meurs pour en prouver la ſageſſe.

Ce chapitre eſt extrait, avec la plus grande fidélité, des ouvrages originaux ; nous n'avons cherché ni à embellir, ni à reſtreindre un tableau d'une telle importance ; nous l'avons donné dans toute ſa pureté primitive. L'air dramatique que préſente l'hiſtoire de Socrate, ne doit pas jetter le plus léger ſoupçon ſur ſa fidélité : Platon, qui était préſent à cette grande tragédie, & de qui nous avons emprunté les principaux traits de notre récit, eſt, comme l'on ſait, le plus dramatique des Philoſophes de l'antiquité : preſque tous nos dialogues, en particulier, ſont en eſprit dans les ouvrages de l'immortel diſciple de Socrate.

MORT DE SOCRATE.

DU moment que Socrate entra dans la prison d'Athènes, elle en perdit le nom, parce qu'elle devint, dès-lors, le féjour du génie & de la vertu. Cependant la fuperftition, qui avait préparé le fupplice de ce grand homme, fervit elle - même à le retarder. On était dans l'ufage d'envoyer tous les ans un vaiffeau de la République à Délos, pour faire des facrifices expiatoires , & du moment que le Prêtre d'Apollon avait couronné la pouppe de ce vaiffeau, pour figne de fon départ, jufqu'à fon retour, il était défendu d'exécuter, dans la ville, aucun arrêt de mort. La fentence de Socrate n'ayant été prononcée que le lendemain de cette cérémonie religieufe, il fallut attendre que la navigation facrée fût terminée, pour arriver au dénonement de cette fanglante tragédie. Ainſi, il s'écoula trente jours entre le jugement du Sage & ſon ſupplice.

La Mort, pendant ce long intervalle, eut tout le tems de ſe préſenter, à Socrate, avec toutes ſes horreurs; mais comme il ne la regardait que comme le ſoir d'un beau jour, il n'en fut point affecté; ſes amis allaient le voir; il s'occupait lui-même à les conſoler, & eux ſeuls, peut-être, en avaient beſoin. C'eſt alors qu'il prononça ce fameux diſcours ſur l'immortalité de l'ame, que Platon nous a conſervé, & qui rendra à jamais reſpectable le nom du Sage, & celui de ſon éloquent interprète. Enfin, le vaiſſeau fatal arriva de Délos, & il fallut que le fanatiſme dévorât ſa victime: ne perdons aucun trait de ce tableau, le plus intéreſſant, peut être, que la Philoſophie rencontre dans l'Hiſtoire des hommes.

La lumière pâle du crépuſcule commençait à percer dans la priſon de Socrate: ce Sage avait paſſé la nuit à méditer ſur

l'immortalité de l'ame : Xantippe fa femme, l'œil encore humide des pleurs qu'elle
venait de répandre, regardait triftement
cet illuftre captif qu'elle avait tourmenté
tant qu'il avait vécu, & qu'elle foupçon-
nait un grand homme à l'inftant où elle
allait le perdre : un fils âgé de fept ans,
qu'elle avait de Socrate, dormait à fes
pieds, une main étendue fur les genoux
de Xantippe, & l'autre fur les chaînes
de fon père ; tout-à-coup la porte s'ouvre,
un partifan du fyftême de Diagoras, contre
la Divinité, Philoxène, entre : » Socrate,
» dit ce dangereux athée, je viens affifter
» à la dernière fcène de ta vie ; tes amis
» n'ont pu fauver le plus grand des crimes
» à ta patrie ; le ciguë fe prépare, & tu
» vas mourir «.

A ce mot fatal, Xantippe fe lève à
demi, & retombe fans connaiffance ;
l'enfant fe réveille en furfaut, & s'élance
entre les bras de fon père; Socrate, cédant
à la nature, fans perdre fa grandeur d'ame;
intrépide pour lui-même, mais ému du

tableau pathétique qu'il envifage, porte l'enfant éperdu fur les genoux de Xantippe, & laiffe aux careffes d'un fils le foin de ranimer la plus tendre des mères; enfuite il va ouvrir une des fenêtres de fa prifon éclairée des feux de l'orient : » Il faut, dit - il, que je jouiffe encore » une fois du tableau de la nature — & après un moment de filence : » cet aftre » ne fe couchera donc plus pour Socrate ! » Ordonnateur des mondes, fais qu'il » fe lève un jour pour Philoxène ! »

En ce moment le fatellite des Onze (*a*) vient, fuivant l'ufage, délier le captif : Socrate s'affied & frotte doucement la jambe qui avait été fi long-tems meurtrie par le poids de fa chaîne : » Oh que la » douleur, dit-il, eft voifine du plaifir ! » Je veux que Platon en faffe un apolo- » gue. Mais mes amis ne viennent point: » hier ils avaient prévenu le lever du

––––––––––

(*a*) On donnait ce nom aux onze Magiftrats chargés de l'intendance des prifons.

» foleil :

» foleil : eft-ce que l'approche de la mort
» ferait plus douloureufe pour l'homme
» qui l'apperçoit que pour celui qui doit
» la fubir « ?

Cependant Xantippe, revenue de ce
fommeil de mort où elle avait été quelque
tems plongée, faifait retentir la prifon de
fes cris lugubres, invoquait Jupiter, &
tour-à-tour preffait fon fils contre fon
fein, & maudiffait Anitus & l'Aréopage.

Platon paraît alors à la tête des Philofophes : à la vue du Sage, il jette un cri de
douleur, & s'enveloppe la tête de fon
manteau : les autres, fans proférer un feul
mot, fe répandent dans la prifon, foula-
gent Xantippe en pleurant avec elle, &
careffent fon fils, qui, dans fon innocence
naïve, fe jouait à l'écart avec les chaînes
de fon père : pour Philoxène, il ne fe leva
point ; il ne careffa perfonne ; on l'aurait
pris pour un Scythe qui venait au théatre
d'Athènes, entendre une tragédie de Sophocle.

Socrate, au milieu de ce défordre,

toujours maître de lui-même, s'approche du Geolier, l'aide à broyer la ciguë ; & revenant auprès des Philofophes : » Eh » bien, mes amis, dit-il, eft-ce que » nous ne continuerons par notre entre- » tien d'hier fur l'immortalité ? »

» Quoi ! difait Platon, l'ame d'un » Anitus eft immortelle « ? — & il voilait encore fa tête de fon manteau.

» Oui, répondait Cébès, elle l'eft, » ainfi que celle des Titye, des Tantale, » & des Atrée : il faut que le fupplice » affreux de l'aflaffin des Sages juftifie la » Providence «. — Et il errait dans la prifon, pouffant de tems en tems les cris inarticulés du défefpoir.

» Mes amis, difait Socrate, ne ter- » niffons point l'éclat de ma mort ; ma » caufe & votre intérêt la rendent affez » glorieufe ; cet Anitus que vous dévouez » à d'éternelles vengeances, eft-il donc » fi coupable ? J'ai tenté de lui ôter les » Dieux fantaftiques avec lefquels il aveu- » glait la multitude, & il s'eft vengé ;

» c'eſt l'ordre naturel : ſi je mourais dans
» mon lit, il n'y aurait point de fanatiſme
» dans Athènes, & Anitus ne ſerait point
» Anitus.

 » Au reſte, quand je me propoſai d'a-
» battre les Autels de la ſuperſtition, je
» me déterminai à mourir ; je me dis à
» moi-même : il faut annoncer la vérité à
» ma patrie, dût elle m'en punir : & la
» vérité eſt bien peu de choſe, ſi on ne
» ſacrifie pas pour elle une tête ſeptuagé-
» naire, dont l'exiſtence commence à
» peſer au genre humain.

 » Non, Cébès, je ne démentirai point
» ma philoſophie, au moment où je vais en
» recueillir les fruits ; j'aime encore mieux
» être victime dans une religion qui par-
» donne, qu'aſſaſſin dans une religion
» qui perſécute.

 » Je boirai la ciguë ſans maudire Anitus ;
» il n'y a que les coupables qui maudiſſent
» leurs Juges ; & mon cœur me dit que
» je ne puis être coupable, puiſque vous
» m'aimez «.

Cependant le breuvage fatal était prêt ; dejà le satellite des Onze le versait dans le vase destiné à le recevoir. Xantippe, dans les accès de son désespoir, s'élance sur la coupe de ciguë, & veut la renverser ; Socrate l'arrête : » Mon amie, lui » dit-il, ne faisons point triompher » Anitus ; votre zèle pour moi serait hé-». roïque ailleurs ; ici il est un crime : » croyez moi ; abandonnez cette prison ; » ne rendez pas, par votre sensibilité, » ma mort douloureuse..... allez...... nous » nous reverons un jour..... Xantippe ; » nous nous reverrons..... «.

Alors Socrate embrassa Xantippe ; & à un signal qu'il fit, on l'emmena hors de l'enceinte de la prison.

Le Philosophe eut un peu plus de peine à se séparer de son fils ; cet aimable enfant avait enlacé un de ses bras autour du cou de Socrate, & repoussait de l'autre l'esclave qui voulait le rendre à sa mère ; il appellait à son secours tous les Philosophes, chacun par leur nom ; & ceux ci

pleuraient, au lieu de lui répondre : le
Sage termina enfin un spectacle qui commençait à trop l'attendrir, & portant l'enfant dans les bras de Platon : » Mon ami,
» lui dit-il, je te lègue mon fils ; tu lui
» serviras de père ; & s'il te ressemble, il
» ne perdra rien par mon supplice. «

Platon sortit un moment, remit ce
dépôt sacré à Xantippe, & rentra dans
la prison.

Cependant le grand sacrifice était sur
le point de se consommer ; le satellite
des Onze s'approche en silence, tenant
en main la coupe de ciguë : —» Je t'en-
» tends, dit Socrate, il faut mourir,
» mon ami, donne cette coupe ; c'est
» celle de l'immortalité «.

Tous les amis du Sage avaient l'œil
fixé sur lui; ils respiraient à peine ; le froid
visage de Philoxène commençait même à
s'animer : deja Socrate approchait de ses
lèvres la coupe fatale ; tout-à-coup on en-
-tend un grand bruit dans le vestibule de
la prison ; la porte s'ouvre, & Criton

paraît, l'air ferein, & venant annoncer au Sage, que les gardes font gagnés; qu'il peut partir fans danger, & qu'il lui a ménagé un afyle, contre les Fanatiques, au fond de la Theffalie.

CRITON.

Socrate, je viens épargner des remords à la patrie : tu es libre; l'or que j'ai femé avec fuccès, t'ouvre tous les paffages, & tu peux vivre déformais, finon pour Athènes, du moins pour le genre humain.

SOCRATE.

Ami cruel ! pourquoi viens-tu flétrir les derniers momens de mon exiftence ? As-tu le pouvoir de m'empêcher de mourir ?

CRITON.

Meurs, s'il le faut ; mais que ce foit en héros, fur le champ de bataille, & non comme un vil fcélérat, dans l'obfcurité d'une prifon.

SOCRATE.

Eh qu'importe si je sers la patrie par ma mort, que ce soit dans ses armées ou dans ses cachots ? C'est à elle à marquer à chaque citoyen son poste ; celui de Léonidas était aux Thermopyles, le mien est dans cette prison.

CRITON.

Quoi Socrate ! tu ne crains pas de voir ta réputation flétrie par l'opprobre de ton supplice ? Vois la calomnie graver tes délits imaginaires sur l'airain de ta tombe, les loix les appuyer, & la postérité y croire.

SOCRATE.

Non, Criton, la postérité ne me croira pas vil, parce que j'ai bu la ciguë : mes amis me restent ; mon ame toute entière respire en eux ; ils rendront le nom de Philosophe respectable aux descendans des hommes faibles qui m'ont opprimé ;

les générations futures s'éclaireront, & je ferai vengé.

CRITON.

Homme céleste ! & c'est toi qui rends mon amitié inutile ! c'est toi qui refuses de vivre !

SOCRATE.

Criton, je n'ai point le stupide courage de franchir, sans motifs, les barrières de la vie ; s'il m'était permis d'exister encore, je saurais prolonger ma carrière ; mais la patrie m'a ordonné de cesser d'être, je lui obéirai ; — avant une heure je ne serai plus.

La patrie... ! je la crois voir pénétrer sous les murs lugubres de cette prison ; je crois l'entendre dire à Criton : *Témé-raire ! qui t'a établi juge entre Socrate & moi ? Est-ce en se couvrant du masque de la corruption, que le Philosophe doit émousser le glaive de la loi ? Reprends cet or, dont l'usage t'avilit, & songe que tu ne peux prononcer sur un accusé que je condamne, fans que j'aie à-la-fois deux coupables à punir.*

C R I T O N.

Socrate, ta vertu m'écrafe.... bois ta ciguë.... pour moi, il ne me refte qu'à mourir.

Un profond filence régnait, pendant cette fcène, au fein de la prifon. Le fatellite des Onze, qui s'était retiré pour en voir le dénouement, fentant le befoin qu'on avait de fon miniftère, fe rapproche ; Socrate reprend la coupe, jette un regard d'attendriffement fur fes amis, & avale, d'un feul trait, le breuvage.

L'art des poifons n'était point alors perfectionné : ce ne fut que plufieurs fiècles après, que l'affaffin de Britannicus apprit de Locufte à ne mettre que l'intervalle d'un inftant entre la vie & la mort : pour Socrate, il fut obligé de marcher long-tems, afin que le breuvage fatal fît fon effet : pendant qu'il fe promenait, il allait confoler, l'un après l'autre, tous les Philofophes : *Non*, difait-il à Platon, *je ne fens pas encore le mal qu'Anitus me fait.* — *Mon ancien ami*, difait-il à Criton, *on ne meurt pas fi heureux fur un champ de bataille ;* — enfuite, s'adreffant à Philoxène : *Crois-tu que j'aurais quelque courage, fi Dieu ne me regardait pas ?*

Cependant, les jambes de Socrate commençaient à s'engourdir ; il fe traîna vers fon lit, & là, il parla de l'immortalité, jufqu'à ce que fa voix acheva de s'éteindre ; après un inftant de léthargie, *Platon*, dit-il d'une voix mourante, *je ne te vois plus ; je voudrais t'entendre.* Platon, dont la refpiration était oppreffée par fes fanglots, ne put que lui ferrer la main ; Cébès vint, après lui, baifer cette main glacée : le Sage ouvrit les yeux : *Je fuis plus près*, dit-il, *de Dieu, que des hommes :* ce furent fes derniers mots : il eut alors un mouvement convulfif, & à l'inftant il expira.

Criton s'approche du lit, ferre avec fureur le corps de fon ami, & voyant que fes larmes frivoles n'inondent qu'un cadavre, il fe livre de nouveau à toute l'impétuofité de fon emportement : » Athènes, s'écrie-t-il, voilà donc » comme tu traites les Sages dont tu » t'honores ! Eh, que m'importent tes » loix, fi elles ne me protègent qu'en » écrafant tout ce qui m'éclaire ? Puiffent » tes Prêtres fanatiques être enfevelis » un jour fous les débris de leurs tem- » ples ! Puiffe l'Enfer engloutir tes Juges » & ton Aréopage ! Je vais fecouer la » pouffière de cette terre criminelle que » je foule avec un Anitus ; la Perfe » me tend les bras, & j'y vole. Le » defpotifme des defcendans de Xer- » xès m'effraie moins que celui d'une » République qui a affaffiné Socrate «.

Philoxène fe retira le dernier : *J'avoue,* dit-il, *que l'adorateur d'un Dieu peut être un grand homme.*

Ainfi mourut Socrate à l'âge de foixante

& dix ans. La Chronique de Paros a eu soin de tranfmettre aux fiècles l'époque de cet évènement mémorable : elle tombe à l'an 1182 de cette Ere, qui répond à la première année de la 95e Olympiade.

Socrate n'était plus, & le Fanatifme n'était pas encore défarmé. Platon, Criton & le refte de l'Académie, menacés par Anitus, prévinrent leur profcription, & fecouèrent la pouffière d'une terre qui dévorait fes Sages : la maifon d'Euclide, dans Mégare, devint leur afyle ; c'eft-là qu'ils attendirent, en filence, qu'Athènes reconnût le vuide que laiffe dans tout Gouvernement la mort d'un grand homme.

Le retour de la raifon fut auffi rapide que l'explofion du fanatifme. Ce fut la repréfentation du Palamède d'Euripide, qui fembla l'amener (a), & c'eft un phé-

____

(a) Le Palamède eft une œuvre pofthume d'Euripide. Ce grand Poète était mort, fuivant

nomène affez fingulier, qu'une comédie ayant préparé la mort de Socrate, une tragédie ait fait naître fon apothéofe. Palamède eft un héros que nous avons vu, dans l'hiftoire du fiége de Troye, victime de la plus noire calomnie. Lorf-que l'Acteur, dans le dénouement de la pièce, vint à déclamer ce vers d'Euripide,

Au plus jufte des Grecs, vous arrachez la vie.

le peuple, ému, reconnut le Sage qu'elle venait de perdre, & fondit en larmes; l'Archonte, qui craignait les fuites de cette fenfibilité généreufe, défendit, alors, de prononcer, en public, le nom de Socrate.

Ce nom facré était dans tous les cœurs, &, malgré la défenfe des Magiftrats, il continua à être dans toutes les bouches. Peu à peu les efprits s'échauffèrent, &

---

les marbres, l'an 1175 de l'Ere d'Athènes, c'eft - à - dire fept ans avant le fupplice de Socrate.

un deuil général, dans Athènes, y an-
nonça le réveil des loix & le retour des
lumières ; le gymnase fut fermé, le théâtre
devint désert, & tous les exercices furent
interrompus. C'est alors que le peuple,
revenu de ses anciens préjugés, demanda
compte, au fanatisme, du sang innocent
qu'il avait fait répandre.

Comme le Sénat, par une fausse honte,
tardait à revenir sur ses pas, le peuple
commença à se faire justice, en employant,
contre les calomniateurs de Socrate, les
seules armes que le despotisme ne pouvait lui ôter, c'est-à-dire, en dévouant
ces hommes vils à l'infamie. Les détails
de cette révolution mémorable, nous ont
été transmis par Plutarque (*a*). Ce Philosophe observe, que tous les citoyens,
qui avaient trempé dans le complot de
Mélitus, devinrent des objets d'horreur ;
on leur refusait le feu & l'eau ; s'ils fai-

(*a*) *Opera Moral.* de invid. & odio.

faient des queftions, on dédaignait de leur répondre ; quand on les voyait aux bains publics, on ordonnait aux efclaves de jetter au loin l'eau dont ils s'étaient fervi, comme fouillée par leur attouchement. Cette efpèce d'excommunication fut fi fenfible à ceux dont l'ame n'était pas tout-à-fait inacceffible aux remords, que, de déféfpoir, ils terminèrent leurs jours par le fuicide.

La vengeance tomba enfuite fur les chefs. Le Gouvernement, ayant revu le procès de Socrate, reconnut qu'on avait furpris fa religion, & il eut le courage d'en faire l'aveu ; alors il prononça la peine de l'exil contre les principaux fanatiques qui avaient ourdi cette trame odieufe, & il envoya Mélitus, le chef des dénonciateurs, au fupplice.

Anitus n'attendit pas que l'orage éclatât, pour y dérober fa tête : il fe fauva à Héraclée, fur les rives du Pont-Euxin ; mais, le jour même où il entra dans la ville, les Magiftrats, par un décret public, l'en chalsèrent. Suivant une autre tradition (a), ce fut le peuple qui, dans le premier mouvement de son indignation, prévenant la vengeance des loix, assomma, à coups de pierres, le calomniateur de Socrate.

Athènes acheva d'expier son crime, en ordonnant à Lysippe, le premier de ses Sculpteurs, de faire respirer, en bronze, le grand homme dont il ne lui restait plus que la cendre & la mémoire. La statue fut faite, & érigée dans un édifice public. Non contente d'un pareil monument, la République voulut éterniser ses regrets, par une espèce d'apothéose : elle bâtit, sur le chemin qui conduit au Pirée, une petite basilique, qu'elle nomma le *Socrateion*, ou la chapelle de Socrate. Mais le trait le plus fait pour consoler ses mânes, c'est que, graces aux longs remords de sa patrie, le fanatisme vit en lui la dernière de ses victimes.

____

(a) *Themist.* Orat. 1.

CONSIDÉRATIONS

S U R

LA RELIGION DES GRECS *(a)*.

LE plus sage des Grecs, immolé au fanatisme, nous conduit tout naturellement à examiner la religion qui amena ce crime mémorable de l'intolérance.

(*a*) Il ne s'agit point ici de détails arides de nomenclature sur la Mythologie Grecque : on trouvera, le peu qu'il importe d'en savoir, à la suite des Faſtes de la Grèce, qui terminent cette Hiſtoire.

Ces conſidérations philoſophiques sur la Religion, ne ſont que le développement & le réſultat des principes que nous avons poſés au tome IV de cet Ouvrage, dans le *Tableau des mœurs, des loix & de la civiliſation de la Grèce, à l'époque de l'invaſion des Héraclides.*

Nous ne nous propofons point ici de débrouiller le cahos de l'ancienne Mythologie; l examen critique de tous les fyftêmes que les Dieux d'Homère & d'Héfiode ont fait naître, entraînerait feul plus de volumes que notre Hiftoire de la Grèce.

La Mythologie Grecque n'a jamais formé un enfemble régulier, que pour les modernes qui en ont fait l'objet de leurs fpéculations philofophiques. C'eft une efpèce de mofaïque, dont les pièces de rapport, s'étant trouvées fufceptibles d'une foule de combinaifons, ont produit, dans les têtes exaltées de nos Savans, les deffins les plus variés & les plus contradictoires. L'un a fait, des contes religieux fur Saturne, fur Vulcain & fur Bellérophon, la clef de l'hiftoire d'Athènes & de Lacédémone; l'autre, qui crée un ciel avec des cubes, comme Defcartes, tout en arrangeant fon monde primitif imaginaire, n'a vu, dans le tableau entier de l'Olympe, que d'éternelles allégories. Tout récemment un Professeur, non de l'Ecole de Socrate, mais de l'Université de Paris, a calculé que les Dieux de la Légende Grecque, n'étaient autre chose que les phases dés planètes : on sait que, pour les Alchymistes, cette charmante Mythologie n'est que le dépôt caché du grand-œuvre.

J'ai eu la patience de lire le recueil immense de toutes ces rêveries allégoriques, astronomiques, alchymiques, & je n'y ai vu qu'une imagination brillante qui se joue des faits, ou le travail pénible d'un savant de bonne foi, qui s'amuse à déchiffrer des énigmes.

Tous ces systèmes s'écroulent par leur base, parce qu'ils sont fondés sur l'idée chimérique d'une ordonnance régulière dans la Mythologie, tandis que tous les monumens historiques démontrent que ce grand édifice religieux a été deux mille ans à se construire, d'après les idées disparates des hommes d'Etat, des Théologiens & des Philosophes.

Une autre erreur non moins importante de tous nos ingénieux commentateurs d'Ovide & d'Héfiode, eft d'avoir généralifé, en Mythologie, toutes les exceptions individuelles; affurément il y a eu des héros Grecs, dont la reconnoiffance populaire a fait des Dieux; nous avons eu foin de l'obferver dans la vie des Théfée & des Hercule, des Perfée & des Bellérophon; mais il ne faut pas en conclure que l'hiftoire de l'Olympe eft celle d'Argos, de Sparte, ou d'Athènes. Homère a perfonnifié quelquefois la nature, pour animer les tableaux muets qu'elle nous préfente; mais c'eft le comble du délire, de prétendre que le Péloponèfe n'a jamais adoré que des allégories. Il y a eu des afpects du ciel, qui ont pu fournir des cycles aux Aftronomes; mais c'eft fe jouer de la crédulité humaine, que de faire dériver la Légende Grecque, des calculs des Newton du monde primitif. Pour le grand-œuvre, il ne faut pas en parler;

car on fait que les adeptes le trouvent
par-tout, comme il eft évident qu'il
n'eft nulle part.

Abandonnons tous ces romans fcien-
tifiques aux Bibliographes, &, fans nous
écarter de la Grèce, lions, par quelques
idées fimples, l'hiftoire philofophique de
fa religion.

Les Grecs des âges primitifs eurent,
comme nous l'avons déja indiqué, le
culte de cet enfant bien organifé, qui,
lorfque fa raifon s'éveille, demande fon
père à toute la nature, & que le filence
de cette nature muette amène aux pieds
de l'Ordonnateur des mondes.

Ce culte, qui confifte à fe lier, par
la reconnoiffance, à la tige des êtres,
&, par la juftice, à fes branches ; ce
culte, dis-je, fi fublime dans fa fimpli-
cité, fubfifta jufqu'à ce que les navigateurs de l'Orient vinrent le mélanger avec
toutes leurs fuperftitions hétérogènes, &
formèrent ce cahos abfurde & riant,
qu'on nomme la Mythologie.

Ce théifme fut donc la religion primitive des Grecs, & quand même la raifon ne le dirait pas, les monumens viendraient l'attefter; on en voit le germe dans tous les livres qui nous reftent du beau fiècle d'Alexandre (*a*). Quelques Ecrivains ont fait plus, ils ont attefté que, dans l'âge d'or du Péloponèfe, les Prêtres eux-mêmes étaient Théiftes. Lorfqu'enfuite il fut de leur intérêt d'écarter les hommes du fentier de la nature, ils ne purent empêcher les Philofophes de perfifter dans le culte de la raifon; nous avons vu l'hiftoire des chaînes d'Anaxagore, & de la mort de Socrate.

La légiflation primitive de la Grèce avait tellement le théifme pour bafe, que, dans la célèbre chronique de Paros, on ne voit pas une feule fuperftition citée

---

(*a*) Lactance lui-même, malgré fes préjugés, rend hommage au théifme des Orphée, des Thalès, des Pythagore, des Cléante, des Zénon & des Anaximène. Voy. *de falfâ Relig.* cap. ſ

avec éloge ; l'homme d'Etat qui l'a ré-
digée, parle toujours de Dieu en Philosophe.

L'homme qui ne parlait que d'après
les Prêtres, pouvait charger d'offrandes
les autels de Saturne, qui mutile son
père, de Jupiter, qui enlève Ganymède,
ou de Mars, qui se laisse surprendre,
avec Vénus, dans les filets de Vulcain ;
mais tout ce qu'il y avait de grand au
Lycée & dans l'Aréopage, ne croyait
qu'au Théos, c'est-à-dire, à l'Ordonnateur des mondes. Le Philosophe allait
dans les temples, pour ne point insulter
au culte populaire ; mais il ne voyait,
dans Saturne, que le tems, dans Cerès,
que la matière, dans Jupiter, que l'esprit générateur : tout ce qui rappellait
au vulgaire des attentats divinisés, n'of-
frait, aux regards des sages, que l'emblême ingénieux du pouvoir de la nature.

Franchissons, par la pensée, l'intervalle des âges, & voyons par quelle gra-

dation ce théifme primitif s'eft dénaturé, au point de devenir la plus abfurde, & quelquefois la plus intolérante des religions.

La Grèce, par fa pofition heureufe au milieu des mers, & aux limites des trois Mondes connus des Anciens, fe trouváit l'entrepôt de tous les navigateurs de l'univers. L'Orient, à qui elle devait originairement fa population & fon théifme, commença cette dégradation ; à mefure que la métropole pervertit fon culte, elle pervertit auffi celui de fes colonies. Comme les Phéniciens, les Syriens & les Chaldéens, à cette époque, avaient fait de grands progrès dans la civilifation, les Grecs, encore barbares, étonnés des lumières de ces Orientaux, fe laifsèrent aller à adopter toutes leurs fuperftitions ; ils eurent la bonhommie de croire que là où la politique étoit perfectionnée, fe trouvoit auffi la meilleure des religions.

La révolution fe fit d'autant plus rapidement, que les vaisseaux Phéniciens, Syriens ou Chaldéens, n'étaient pas, d'ordinaire, montés par des Philosophes ; c'étaient des devins, des chefs de pirates, & quelquefois de simples matelots, qui interprétaient, aux Grecs, la Théologie Orientale : ces hommes durs n'étaient pas faits pour donner, à une multitude avide de nouveautés, une idée douce & riante du Père de la nature.

Le concours de toutes les superstitions possibles, apportées par les navigateurs de l'Asie, de l'Afrique & de l'Europe, fit insensiblement, du culte des Grecs, un cahos de contradictions & d'extravagances. Il est certain que tous les Dieux étrangers se naturalisèrent dans le Péloponèse : il mit à la tête de sa Légende sacrée, le Jupiter & le Saturne des Atlantes ; l'Atlas de la Lybie s'y joignit ensuite ; l'Osiris de l'Egypte devint son Bachus, l'Astarte des Phéniciens, sa Minerve, le Génie du feu, adoré par les Perses, son Vulcain. Les Grecs avaient si peur de laisser sans culte un habitant de l'Olympe, qu'ils divinisèrent jusqu'à des phantômes : on connaît l'autel érigé au *Dieu inconnu*, dans la patrie des Solon & des Miltiade.

La religion Grecque commença à devenir intolérante par les Dieux Egyptiens, que Cécrops apporta dans le Péloponèse : ces Dieux, nés dans un climat où la nature ne se montrait que comme une marâtre, servis, dans leurs temples, par des Prêtres amis du sang, autorisés, dans l'Etat, par des Despotes qui ne savaient imprimer que l'effroi ; ces Dieux, dis-je, les tyrans du ciel & de la terre, retinrent quelque tems, dans leur barbarie, ces mêmes Grecs, qu'un climat riant, des mœurs douces, une Monarchie paternelle, faisaient tendre, d'un autre côté, à la civilisation. Cette lutte d'une religion féroce contre des principes naturels de tolérance, caractérise particuliérement les siècles qui suivirent l'invasion des Héraclides.

Il eſt heureux pour la Grèce, que ſes mœurs douces n'aient pas ſuccombé dans cette longue lutte contre une religion atroce; car toutes ces Divinités Orientales, mères de la Mythologie Grecque, ne marchaient qu'avec le cortège effrayant du deſpotiſme & du fanatiſme, c'étaient, ainſi que nous l'avons déja obſervé, des Génies du mal, qui n'attiraient les hommages que pour repouſſer la reconnaiſſance; ils légitimaient les aſſaſſinats; ils conduiſaient un père crédule à l'autel où l'on devait égorger ſa fille; ils puniſſaient, par la famine & par la peſte, des peuples pacifiques, des attentats de leurs Monarques : l'homme ſenſible, en s'entourant de pareilles idées religieuſes, tendait, malgré lui, ou à devenir tout-à-fait féroce, ou à blaſphémer le nom ſacré de l'Ordonnateur des mondes.

Les Grecs dûrent, en grande partie, leur retour à une religion plus humaine, & par conſéquent plus vraie, à deux espèces de Légiflateurs, bien peu faits pour sympathifer enfemble, les Poètes & les Philofophes.

Les Poètes commencèrent l'ouvrage; leur imagination brillante cherchait à fe répandre; ils avaient befoin de chanter les objets du culte public, & ils adref-faient d'abord leurs hommages aux Dieux des Prêtres. Leurs regards fe fatiguèrent bientôt, en fe repofant fur des tableaux de fang qui repouffaient leur douce fen-fibilité; alors, ils chantèrent la nature; tout s'anima, à l'inftant, fous les cordes flexibles de leur lyre; ils prêtèrent leur intelligence à tous les objets qui par-laient à leurs fens, & le monde entier fut vivifié.

Jamais le bon goût ne fervit mieux la morale, que quand il fubftitua au culte féroce des Calchas, le culte riant des Orphée, des Mufée & des Héfiode; tout, il eft vrai, devint Dieu fous leur plume enchantereffe; mais, du moins, les Grecs, en fe prêtant à cette idolatrie, ne cefsèrent pas d'être hommes : la nouvelle réligion, toute abfurde qu'elle pouvait paraître à une raifon perfection- née, avait l'ineftimable avantage d'adou- cir les mœurs, & d'éloigner les images odieufes de la tyrannie. Eh quel mal, en effet, pouvait faire, à la terre, cette charmante Mythologie ! ce Dieu d'un fleuve, penché mollement fur fon urne, & environné de rofeaux, cette Amphi- trite volant, avec fes Néréides, fur la furface des mers, ce Zéphir qui agitait, de fes aîles embaumées, une tranquille atmofphère, étaient inacceffibles au fana- tifme. Les Nayades des fontaines, les Nymphes des bois, & les Graces, ne commandent pas, au nom du Ciel, des affaffinats: un Prêtre ne peut faire couler, fur les autels, le fang des Iphigénies, quand il n'eft que le Miniftre de cette Iris qui déploie, fur fon écharpe, les couleurs de l'arc - en - ciel, ou de cette Déeffe de la beauté, qui recèle le plaifir dans fa ceinture.

Il eſt probable que les Calchas, & tous ces Vice-Rois farouches des tyrans de l'Olympe, ſe révoltèrent d'abord contre une innovation religieuſe, qui tendait à diminuer le nombre de leurs victimes : ils repréſentèrent les Poètes comme les ennemis des Dieux, & quelquefois ils réuſſirent à les punir d'avoir éclairé leur fanatiſme : cet Orphée, qui fut déchiré par les Bachantes, était évidemment un martyr de la nouvelle religion.

Une des grandes reſſources des Prêtres, pour retarder les progrès de cette Mythologie pacifique, qui allait envahiſſant la Monarchie univerſelle, fut de faire parler les Oracles ; le ſtratagême religieux eut d'abord tout le ſuccès qu'on pouvait en attendre ; le Devin conſacré au culte de Jupiter Ammon, la Pythie de Delphes, le Charlatan ſacré, qui effrayait le peuple dans l'antre de Trophonius, parlèrent, en maîtres, à des Rois crédules, & leur ordonnèrent de veiller au maintien de l'ancienne Théologie ; mais la révolution qui se fit dans les Gouvernemens, entraîna peu à peu la chûte des Oracles : les Républiques naquirent, & des hommes fiers, qui avaient secoué le joug des Monarques, ne voulurent pas devenir les esclaves des Prêtres ; comme le cours de la nature n'en parut pas interrompu, les yeux aguerris des Grecs se portèrent après, sur les supercheries du sanctuaire : on vit que, sans l'imagination exaltée des Pythies, & la crédulité de ceux qui les consultaient, il n'y aurait plus de merveilleux dans leurs réponses ; on opposa les faits aux prophéties, & on s'apperçut que, d'ordinaire, ils étaient contradictoires : tout ce grand appareil, imaginé par la superstition, pour faire croire que le Ministre des Dieux lisait dans l'avenir, se réduisit donc, quand il n'était pas évidemment un imposteur, à des calculs sur les probabilités, qui ne font point inaccessibles à la prudence humaine : de ce moment, il n'y eut plus de partisans des

Oracles, que parmi le peuple, ou parmi les corps politiques, qui, attachés aux anciennes formes, ceſſent rarement d'être peuple eux-mêmes, ſur-tout quand ils ſont aſſemblés.

La Raiſon, en s'étendant dans la Grèce, alla quelquefois éclairer, de ſes rayons, juſqu'aux Prophêtes du temple de Delphes, & de l'antre de Trophonius. Nous avons vu, dans l'hiſtoire d'Athènes, une Pythie refuſer de maudire Alcibiade; une autre, plus hardie encore, prononça que l'ennemi des Prêtres, le grand Socrate, était le plus ſage des hommes.

Une autre cauſe contribua encore à empêcher la Mythologie de ſuccomber dans ſa lutte avec la Théologie. Les Prêtres, dans l'origine de leurs querelles avec les Poètes, avaient menacé les peuples, qu'ils voyaient avides de nouveautés, du courroux des Dieux. Quelquefois le haſard avait concouru à donner du poids à leurs menaces; des famines, des épidémies avaient ravagé le Péloponèſe,

& la multitude tremblante était venue
fe profterner, de nouveau, devant les
Dieux féroces du fanatifme : dans la
fuite, la Phyfique fit des progrès. De
bons efprits accoutumèrent le peuple à
ne point voir, dans les phénomènes ordinaires de la nature, les fignes du courroux
célefte. Les expiations cruelles cefsèrent,
& on relégua le culte fanguinaire des
Diane & des Saturne chez les Sauvages
de la Tauride, ou dans le repaire des
tigres facrés de Carthage.

C'eft à cette époque que le Philofophe
partagea, avec le Poète, le privilége de
donner une religion à fon pays. Son plan
était admirable : il s'agiffait de donner
une clef à la Mythologie, & de détruire
une Théologie atroce, ou du moins de
la réconcilier avec la Morale.

La clef que le Philofophe trouva à la
Mythologie, était bien faite pour en
pallier toutes les abfurdités : il pofa pour
principe l'unité d'un Dieu Ordonnateur
des mondes, & quant à cette foule de

génies secondaires, dont les Poëtes avaient peuplé l'Univers, il les fit regarder comme l'emblême ingénieux des attributs de l'Etre suprême : Apollon désigna l'harmonie de ses loix, Minerve sa sagesse, Vénus son pouvoir générateur : c'était sa providence modifiée qui vivifiait la terre sous le nom de Cérès, les abîmes, sous celui de Pluton (a), & les mers, sous ceux de Neptune & d'Amphitrite.

De-là, le Philosophe parcourut le

(a) Je me sers de l'expression consacrée chez les Historiens Philosophes de l'antiquité, plutôt que des enfers, qui ne leur présentaient qu'une idée vague. Pausanias, en parlant du cap de Ténare, célèbre chez les Poëtes Grecs, à cause de la grotte qui avait servi à Hercule, pour emmener le Cerbère, dit en propres termes : » Une pareille tradition doit être rejettée : car, » outre que, dans cette grotte, il n'y a aucun » souterrein, il n'est pas vraisemblable qu'un » Dieu tienne son empire sous terre, & que » les ames humaines s'attroupent, après la mort, » dans ces vastes abîmes «. Lib. 3, cap. 25.

champ de l'histoire , & rendit , à la Terre , la plûpart des héros que la superstition sacerdotale avait logés dans l'Olympe : il prouva que le nom de fils de Jupiter, dont ils s'énorgueillissaient , ne signifiait pas, dans les langues originales, qu'ils étaient nés de l'Etre suprême , mais seulement qu'ils en étaient chéris : cette interprétation, en admettant un intervalle immense entre Hercule & l'Ordonnateur des mondes , réconcilia un peu la Raison avec les Apothéoses.

Quelques Sceptiques allèrent encore plus loin. Ils prétendirent que les Dieux de la première classe, ces Dieux, l'emblême des attributs de l'Etre suprême, n'étaient eux-mêmes, dans l'origine, que des héros divinifés. Tel fut, en particulier, le système d'Evhémère , que les bons esprits rejettèrent , parce que s'il enchaînait le fanatisme, c'était pour lui substituer la doctrine désolante des Athées, & pour ravir à la Nature le père des hommes.

Tel était l'état de la Religion Grecque

vers le siècle de Périclès. Les Prêtres, circonscrits de tout côté par les Poètes, qui expliquaient leurs fables, & par les Philosophes, qui éclairaient leurs impostures, ne soutenaient plus leur crédit chancelant, qu'avec de frivoles anathêmes. Cependant, le machiavélisme qui avait servi, dans les siècles antérieurs, à les rendre, sous le nom des Dieux, les Vice-Rois de la Grèce, ne les quitta pas dans l'âge des lumières; ils profitèrent habilement des orages politiques du Gouvernement républicain, pour exercer, sans danger, leur vengeance : c'est ainsi qu'Alcibiade & Socrate les ayant travestis eux & leurs phantômes de divinités en ridicule, tant qu'ils virent ces grands hommes honorés, ils gardèrent, en frémissant, le silence terrible de la haine réunie à l'impuissance; mais dès qu'Athènes fut divisée, ils firent une confédération secrette avec tous les ambitieux subalternes, naturellement ennemis des talens qu'ils n'avaient pas; du fond de leurs temples, ils échauffèrent les efprits dans la place publique ; & tous les fils de la trame étant adroitement difpofés, ils prirent le poignard des mains de l'homme d'Etat, pour que la Religion frappât fes victimes.

Heureufement pour la Grèce, le triomphe du fanatifme amena fa deftruction. Les Gouvernemens, éclairés fur leurs vrais intérêts, arrachèrent, aux Prêtres, les reftes d'un pouvoir dont ils avaient affez abufé, pour faire mourir Socrate : la Religion, en s'épurant, fe trouva circonfcrite dans fes juftes limites : on abandonna aux Poètes, aux Peintres & aux Sculpteurs, les fables ingénieufes de la Mythologie, & la Morale devint le domaine du Philofophe.

D E

L'EPIRE et DE PYRRHUS II,

LE HÉROS DE CETTE

MONARCHIE.

LA Macédoine, déformais, va occuper nos regards, jufqu'à la fin de cette Hiftoire; c'eft de fon fein que fortirent les deux Souverains, dont l'un acheta la Grèce, & l'autre l'affervit; cependant avant de toucher à cette époque brillante, il faut, pour ne rien laiffer à defirer à la curiofité philofophique, jetter un coup-d'œil fur l'Epire, Puiffance voifine de la Macédoine; mais ce coup-d'œil ne faurait être trop rapide, foit parce que cette Monarchie n'a joué aucun rôle dans les grands démêlés du Péloponèfe, foit parce

que Pyrrhus, le feul héros dont elle s'honore, n'eft vraiment digne d'être apprécié
par l'Hiftoire, que quand il fe trouve en
regard avec les Romains.

Pyrrhus I, fils d'Achille, eft le premier Roi connu de l'Epire (*a*). Nous
avons vu fes exploits guerriers au fiége
de Troye : c'était un homme de fang,
comme la plûpart des héros des fiècles
barbares. C'eft lui qui égorgea Priam,
qui précipita, du haut d'une tour, le
jeune Aftyanax, & qui immola, fur la
tombe de fon père, la malheureufe
Polyxène. Sa mort fut auffi cruelle que
fa vie; étant venu à Delphes, lorfque
fa conquête de l'Epire était encore affez

(*a*) L'Epire, alors, était bornée au pays des
Moloffes. *Strab.* Geograph. lib. 7 : d'autres
provinces, telles que celles des Chaoniens &
des Thefprotes, étaient indépendantes. Thucy-
dide dit que de fon tems elles formaient encore
des Républiques, gouvernées par des Magiftrats
annuels. Voy. *Hiftor. bell. Pelopon.* lib. 1.

mal affermie, il y fut tué, fuivant une tradition, par Orefte, fils d'Agamemnon, qui voulait le punir d'avoir époufé Hermione : un autre récit, qui a des garans refpectables, donne un motif facrilége au voyage de Pyrrhus : à le croire, ce Prince était venu piller le temple, & pendant qu'il était occupé de fon brigandage, les Prêtres s'armèrent de poignards, fous leurs robes, & l'affaffinèrent (*a*).

MOLOSSUS & PIELUS, tous deux fils d'Andromaque, régnèrent, l'un après l'autre, en Epire, mais fans que le refte de la Grèce s'en doutât. Enfuite, il y a un vuide dans l'hiftoire de cette Monarchie, jufqu'à l'avènement D'ADMÈTE, contemporain de Xerxès, qui, ayant à fe plaindre de Thémiftocle, & fe trouvant maître de fa vie, eut la générofité de le protéger contre l'ingratitude d'Athènes & la haine des Perfes.

(*a*) *Paufan.* in Beot. *Scholiaft.* Pind. ; *Eufeb.* in Chronic.

Arymbas, fils d'Admète, fut élevé à Athènes, & y prit le goût des arts, qu'il transporta en Epire : mais comme ce terrein étranger n'était pas disposé à les recevoir, ils avortèrent dans leur germe. On met aussi Arymbas au rang des Légiflateurs de la Grèce.

Il y a encore un vuide, dans l'hiftoire de l'Epire, depuis Arymbas, jufqu'à un Alcète, qui, chaffé par fes peuples, fut rétabli fur le trône par le premier Denys de Syracufe.

Arybas régna, dans l'Epire, d'abord en fociété avec fon frère Néoptolème, & enfuite feul : il donna fa nièce Olympias en mariage à Philippe de Macédoine, & il en naquit le célèbre Alexandre.

Un autre Alexandre, qui, outre le nom, avait encore le courage de commun avec le héros de la Macédoine, remplaça Arybas fur le trône de l'Epire. Pendant que fon neveu faifait la conquête de l'Orient, il tenta de fubjuguer l'Occident, & il y aurait réuffi, peut-être, fi la trahifon n'était venu borner le cours de fes exploits : le trait mérite d'être rapporté, foit à caufe de l'autorité des Ecrivains de la Grèce & de Rome, qui en font les garants (*a*), foit parce qu'il tient à l'hiftoire curieufe, mais fufpecte des Oracles.

Alexandre avait confulté, fur fa deftinée, l'Oracle de Dodone, qui l'avait prévenu de fe défier de l'Achéron. Le Monarque crédule s'exile alors de fon Royaume, à caufe du fleuve de ce nom qui y a fon cours, & il vient porter la guerre dans le fein de l'Italie. Siponte, Cofence, Héraclée reçurent fes loix ; mais ayant eu l'imprudence de choifir, pour fa garde, deux cents des foldats de la Lucanie, qu'il avait vaincus, il fut la victime de l'injufte défiance qu'il avait témoignée à fes peuples. La nouvelle cohorte trama

____

(*a*) *Diod. Sicul.* lib. 17 ; *Tit.-Liv.* lib. 8 ; *Orof.* lib. 6.

un complot pour ôter la vie au Prince
qu'elle avait juré de défendre. Alexandre,
en ce moment, était en préfence d'une
armée formidable ; inftruit du double
péril , il choifit le plus digne de fon
courage, fe fait jour, l'épée à la main,
avec quelques bataillons d'élite, au travers
des ennemis, tue lui-même un de leurs
Généraux , & s'échappe contre toute ef-
pérance. Après avoir traverfé une vafte
forêt, fe voyanr pourfuivi par des foldats,
il fe jette, à cheval, dans un fleuve , dont
le nom lui eft inconnu , & fe difpofe à
le traverfer, en partie à gué , & en partie
à la nage : pendant que ce Prince rompait les vagues, il entend une voix , fur
le rivage, qui prononce, en le maudif-
fant, le mot de l'Achéron; (il y avait, en
effet, dans l'Italie , un fleuve de même
nom que celui de l'Epire) : ce mot rappelle
à Alexandre l'Oracle finiftre de Dodone,
il fe retourne, & une flèche, lancée par
un de fes gardes, l'atteint & lui ôte la
vie. Il eft affez vraiefmblable que cette

anecdote a été arrangée, par les Prêtres de Dodone, après la mort d'Alexandre.

Eacide, aimé d'abord de ſes peuples, enſuite chaſſé, par eux, de ſes Etats, enfin rapellé ſur ſon trône, mais malgré toutes ces révolutions, toujours obſcur, fut tué dans une bataille qu'il livra à Philippe, frère de Caſſandre, Roi de Macédoine (*a*).

Alcète II ne fut connu que par ſes cruautés. Les Epirotes, peu accoutumés à un joug oppreſſeur, prirent les armes contre leur tyran, & le maſſacrèrent.

Pyrrhus II, ou le Grand (*b*), était fils d'Eacide, & pendant les mouvemens qui agitèrent l'Epire, il trouva un aſyle dans la Cour de Glaucias, Roi d'Illyrie, à l'aide duquel il monta ſur le trône de ſes pères. A peine avait-il régné cinq ans, qu'il fut dépouillé de ſes Etats par ſon grand - oncle Néoptolème : alors il ſe retira chez le fameux Démétrius Polio-

(*a*) *Diod. Sicul.* lib. 9.
(*b*) *Plutarch.* in Pyrh.

certe, qui avait épousé sa sœur Déidamie. C'est sous ce grand Capitaine qu'il apprit à vaincre cette Rome, qui marchait déja à grands pas à la conquête du Monde.

Ce fut une Bérénice , épouse d'un Ptolémée , qui , après avoir fait son gendre de ce célèbre exilé , lui fit rendre la couronne d'Epire. Le Prince , à la tête d'une armée Egyptienne , vainquit Néoptolème, & , généreux dans son triomphe , accorda , à son rival humilié , un appanage dans sa Monarchie. Le fruit de tant de grandeur d'ame , fut un complot , où le héros devait être empoisonné. Heureusement la conspiration se découvrit , & Néoptolème fut conduit au supplice.

Pyrrhus, d'un génie ardent & inquiet , & ne connaissant de héros qu'Achille & Alexandre , ne pouvait attacher de prix à la gloire paisible de rendre ses peuples heureux. Tout entier à sa rêverie brillante de la Monarchie universelle , il alla subjuguer la Macédoine , la Sicile & une partie de l'Italie , n'appesantissant jamais le joug des vaincus, grand dans ſes victoires, & encore plus dans ſes défaites, & juſtifiant, autant qu'il était en lui, aux yeux du Sage, la frénéſie héroïque des conquêtes : mais tous ces grands évènemens ne ſont à leur place que dans l'hiſtoire de Rome, & dans celle de la Macédoine.

Pyrrhus, vaincu par la deſtinée de Rome, mais non déſabuſé de la gloire meurtrière des combats, entra dans le Péloponèſe pour y donner des loix : Argos, dont une trahiſon l'avait rendu maître, fut le terme de ſes exploits : il y eut une révolution dans la ville, une bataille ſanglante ſe livra au milieu des décombres des maiſons embraſées, & une femme Grecque, voyant ſon fils ſur le point d'être percé par la javeline de Pyrrhus, lança, au héros, une tuile qui lui ôta la vie.

Toute l'antiquité a retenti de l'éloge de Pyrrhus. Les Romains, qui, dans leur ſyſtême de vanité nationale, ne prodiguaient que malgré eux le titre de grand homme à l'ennemi qui les avait vaincus, l'accordèrent à ce Roi d'Epire : Annibal faisait le plus grand cas de fes talens militaires : on fait que Scipion lui ayant demandé quel était, à fon jugement, le plus grand des Capitaines, le héros de Carthage nomma d'abord Alexandre, enfuite Pyrrhus, & qu'il ne fe donna à lui-même que la troifième place.

Il nous refte, du beau fiècle des Grecs, une ftatue de Pyrrhus, avec tout le coftume de fon habillement militaire, qui mérite, à plus d'un titre, d'être confervée dans une Hiftoire des Hommes.

Alexandre II, fuccefteur du grand Pyrrhus, eft connu par un ouvrage fur l'art de faire camper une armée, & de la ranger en bataille (a).

Ptolémée ne fit que pafter, ainfi que Pyhrhus III; le dernier fut maffacré par des rebelles d'Ambracie.

Deïdamie, fille unique du dernier

______

(a) *Elian*, Var. Hiftor. lib. 2.

Pyrrhus, fuccéda à fon trône ; mais un peuple guerrier n'était point fait pour obéir à une femme : il y eut une confpiration, & la Princeffe s'étant fauvée dans un temple de Diane, y fut affaffinée. Le fcélérat qui exécuta ce grand crime, venait de tuer fa mère, & les conjurés, en faveur du régicide, lui pardonnèrent fon parricide (*a*).

La révolution qui ôta la couronne à Déidamie, changea le Gouvernement de l'Epire. A cette époque, les villes abolirent la Monarchie, & choifirent des Préteurs annuels pour les gouverner. Malheureufement il n'y avait plus de nerf dans la nation, les Etats voifins profitèrent de fes difcordes inteftines, & le Royaume du grand Pyrrhus, dévafté & démembré, tomba bientôt fous le joug de l'Illyrie & de la Macédoine.

____

(*a*) *Polyen*, lib. 3 ; Déidamie[illegible] fon lit, s'il en faut croire Pa[illegible]

Fin du Tome IX de l'Hiftoire de la Grèce.

TABLE
DES CHAPITRES
DU TOME NEUVIÈME

DE

L'HISTOIRE DE LA GRÈCE.

SUITE DE L'HISTOIRE DE LA GRÈCE.

Tyrannie d'Alexandre de Phères. Conquête de ses Etats par Pélopidas. page 5

Le Tyran de Phères fait arrêter Pélopidas. Epaminondas le délivre. 11

310 **T A B L E.**

Bataille de Cynocéphale, & mort
de Pélopidas. 18

Fin tragique d'Alexandre de Phères. 25

Bataille de Mantinée, & mort
d'Epaminondas. 30

La Grèce, après la bataille de
Mantinée, abandonne la guerre
pour les arts. Des spectacles na-
tionaux, connus sous le nom de
Jeux de la Grèce. 42

Du stade d'Olympie, & de son
hypodrome. 57

Des courses en usage dans les Jeux
Olympiques. 67

De la lutte & du pugilat. 72

Du pancrace, du pantathle, & de
quelques autres exercices de l'ancienne Gymnastique. 83

Noviciat des Athlètes ; leurs titres
pour être admis aux Jeux ; leur

couronnement & leurs priviléges.
88

De quelques Athlètes célèbres , & en particulier de Milon de Crotone.
101

Hiſtoire de Socrate. Commencement de ce Philoſophe.
114

L'Oracle de Delphes, déclare Socrate le plus ſage des hommes.
126

Du génie familier de Socrate.
133

De Socrate à la guerre & dans les Magiſtratures.
144

Socrate , Cenſeur d'Athènes ; il inſtruit la jeuneſſe ; il devient le fléau des Sophiſtes.
162

Vie privée de Socrate.
174

Des Nuées d'Ariſtophane.
194

Procès criminel de Socrate.
222

Mort de Socrate.
257

312 **T A B L E.**

Confidérations fur la Religion des Grecs. 277

De l'Epire & de Pyrhus II, le Héros de cette Monarchie. 298

Fin de la Table.

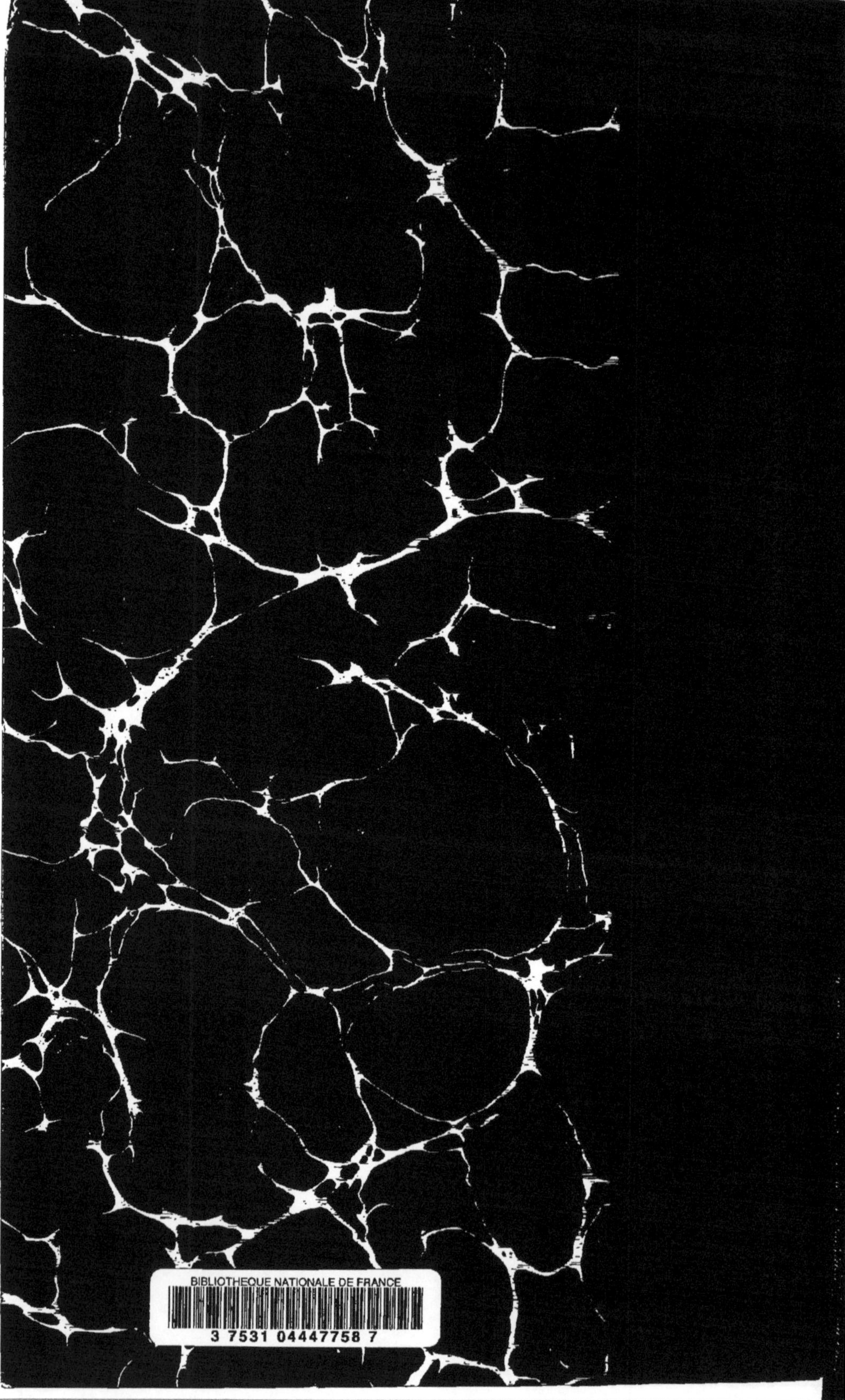
BIBLIOTHEQUE NATIONALE DE FRANCE
3 7531 04447758 7